香港
國 際 金 融 中 心

饒餘慶◎著

臺灣商務印書館 發行

序　言

　　本書是"香港經濟政策研究計劃"中最早完成及面世的專著。香港是世界金融活動重要的一環，而金融業又在香港經濟中佔重要的比例。香港作為國際金融中心的前景，與香港整體的前途關係極為密切。以本書作為整個研究計劃的第一份成果，是最合適而又貼切的。

　　香港過去數十年的經濟成就，舉世皆知，而其中有趣的一點，是這些成就從來不是有人在事前刻意去具體策劃和設計出來的。即使在 30 年前，大概也沒有多少人能想像到香港會有今天的國際金融中心地位。金融中心應如何界定？香港怎樣演變為國際金融中心？目前的情況如何？與世界其他金融中心相比，香港的實力和缺點在哪裏？解答這些問題，有助於了解香港總體經濟情況及肯定過去成功的因素。

　　展望將來，香港作為國際金融中心的地位將會不斷遇上新的機會和挑戰。中國的經濟改革部署中，已逐步加快金融改革的步伐。中國金融活動的進一步開放，將給香港帶來極大的正面衝擊，對香港國際金融中心的影響，會遠超過主權移交的影響。與此同時，金融活動的愈趨全球化，和金融工具的不斷推陳出新，都會給香港金融界帶來許多新的機會。另一方面，中國及亞太區新冒起的金融中心，在一定程度上

(i)

也增加了區內金融業的競爭。香港如何面對這種種變化，將對香港的經濟和國際金融中心的地位，影響至深。

　　本書就上述各方面問題，作出了全面、有系統和具體而微的論述。作者**饒餘慶敎授**，是香港著名和資深的經濟學者。饒敎授專攻貨幣銀行學和國際金融，對有關課題的了解深入而廣泛，又能深入淺出地將分析和論點清楚道來，使本書不單可供專業人士參考，普羅讀者亦可從中受惠。

香港經濟政策叢書主編

陸炎輝 謹識

鳴　謝

　　筆者在研究過程中，荷承香港與海外銀行金融界先進協助，提供種種參考資料，至深感紉。由於篇幅所限，未能一一致謝為憾。但本人特別感謝英倫銀行中央銀行研究中心技術協助部主任，前港府副金融司黎定得先生。黎先生不辭勞瘁，為作者提供倫敦作為國際金融中心的珍貴資料，增廣本書之視野不少。

　　筆者亦特別向撰著本書附錄“外資機構在香港經營銀行業務的計量經濟學模型”的陳守信先生致謝。陳先生原在香港金融管理局任職，目前在香港大學經濟金融學院攻讀博士學位，於本人指導下撰寫有關最優貨幣區的博士論文。林佩雯小姐擔任本人的研究助理，亦貢獻良多。

　　三位隱名的海外評審員，對本書初稿提出許多寶貴意見，在此謹致謝意。

　　本書是香港經濟研究中心“香港經濟政策研究計劃”的一部分。作者謹向該計劃主持人王于漸教授為統籌各研究項目並籌募經費所作的努力與貢獻，致衷心謝意。

　　本書之內容及意見，概由作者本人負責。本書如有任何舛誤之處，尚祈各界先進，不吝指正是幸。

饒餘慶 謹識於
香港大學經濟金融學院

目錄

v

vii

圖 表

「國際金融中心將來與全球性的先進資訊系統關係日趨密切，其本身的地理位置反漸趨次要。上述資訊系統以紐約、倫敦、東京三大中心為軸心，構成全球性的 24 小時金融市場。其他主要中心雖仍可存在，但它們在國際金融制度中所扮演的角色，基本上是在它們所服務的區域內吸納資金，然後將之引導至全球 24 小時的金融網絡中。」

———— 英國金融家 **大衛●舒雷爵士**

(Sir David Scholey, 1987年)

「國富是創造出來的，不是繼承下來的。和古典經濟學所說的相反，國富並非源自一個國家的自然資源、勞力、利率和幣值。一個國家的競爭力取決於其工業的創新與改革的能力。」

———— 美國哈佛大學商學院教授 **邁可●波特**

(Michael E.Porter, 1990年)

第 1 章

緒論

第 1 章

緒論

　　香港之崛興為一國際金融中心，是第二次世界大戰結束以來，香港經濟的兩大成就之一（另一成就是從一轉口埠轉變為一富裕的工業經濟體）。香港和海外有些人士，甚至宣稱香港是全球第三大金融中心。雖然這是過分的宣傳，但香港是全世界主要國際金融中心之一，則是公認的事實。

　　執筆之時，距香港正式回歸中國之日已近，全世界，特別是國際金融界的目光自然而然集中在一個問題上：香港的國際金融中心地位在1997年以後能否繼續維持？假定答案是肯定的話，另一問題是：九七回歸後的香港，能否應付來自亞洲太平洋地區其他金融中心的激烈競爭？

　　本書將探討這些問題，但本書的範圍並不以此為限。本書的宗旨是分析和了解香港作為國際金融中心的過去、現在和未來。這一研究計劃自有其現實意義，但即使作為一純粹學術研究，它也是有其內在價值的。自 1917 年俄國革命以來，沒有一個共黨統治的國家，擁有一個真正的國際金融中心。如果香港在九七之後，能繼續維持其國際金融中心地位，則將在人類經濟史上，創下先例。

　　本書包括本章在內，一共有 10 章。由於在金融中心的性質和功能方面，還存在不少混亂和誤解，因此第 2 章致力闡述有關金融中心的概念、要素和類別。運用這一理論架構，第 3 章便具體地分析香港作為國際金融中心的特徵。

第 4 章討論香港如何演變為國際金融中心，並從質量觀點
評估其作為國際金融中心的現況。第 5 章則詳細分析香港
至目前為止成功的要素。第 6 章從利益成本分析的角度，
比較香港成為國際金融中心的得失。第 7 章根據種種事實
與趨勢，評估香港作為國際金融中心的長期展望。第 8 章
論述九七前後來自其他金融中心，特別是新加坡的競爭與挑
戰。第 9 章詳論中國與香港應採取甚麼政策和措施，才能
保持香港的國際金融中心地位。第 10 章是結論，簡述中國
和香港應從金融中心的滄桑中，吸取甚麼教訓。

金融中心的
概念、要素和類別

2.1　概念與要素

2.2　類別

第 2 章

金融中心的概念、要素和類別

22 年前，經濟史家金德貝格 (Kindleberger) 在其《金融中心的形成》一書中，慨嘆"經濟學已不再研究金融中心的形成了"。[1] 像是有意駁斥此一論點似的，22 年來，關於金融中心的文獻，如雨後春筍，紛紛發表。其中最引人注目的，是羅拔士 (Roberts) 所編輯的四大卷有關金融中心的論文。[2] 由於這一新的發展，我們已較能理解，為甚麼有些都市能成為國際金融中心，而其他都市則不能。

2.1 概念與要素

⑦

從最廣泛的意義上說，金融中心是一個銀行與其他金融機構高度集中，各類金融市場能自由生存和發展，金融活動與交易較任何其他地方更能有效率地進行的都市。

金融中心的形成，基本上由市場供求力量所決定。在需求方面，本國與跨國金融機構，在本國或全球性擴展及分散化的驅使下，產生了對都市設施及便利的不斷需求。在供給方面，只有那些在基建 (機場、港口、公路鐵路、電訊設備) 方面已作大量投資，並能向金融業提供最先進資訊技術的都市，才能應付這種需求。供求力量亦在另一層次發揮其作用。經濟成長，加上國際或洲際貿易與投資的擴展，產生了對融資的巨大需求。不論是本國或外國的個人、企業和政府，都對各種金融產品和服務具有永無止境的需求。只有那些最有創意，最能善於運用最新資訊技術的本國或跨國金融機構，才能滿足此一需求。

圖 1 扼要地描繪了決定金融中心形成與發展的供求力量。在圖中，城市設施與方便的供求循豎向表示，金融服務與產品的供求則循橫向表示。

此圖當然只是提供了解決定金融中心的各種要素的初步架構。不少學者從不同社會科學類別吸取靈感，以領悟金融中心的形成過程。就經濟學本身而論，最能幫助了解金融中心的分科是定位經濟學、金融經濟學和都市經濟學。

如果暫時將深奧的經濟理論擱置不談，政治和意識形態顯然是決定金融中心的重要因素。不言而喻，和平與政治安定是一持久性金融中心的先決條件。而且，政府的政策和發展策略對金融中心必須是積極性的，或至少是中立的。就 20 世紀而言，上海和貝魯特是最典型的例證。第二次世界大戰前，上海本是遠東首屈一指的金融中心。但日本的侵華戰爭 (1937-45) 和其後中國的國共內戰 (1946-49)，毀滅了上海的國際金融中心地位。同樣不幸的是，毛澤東時代的排外主義，加上馬克思主義中關於"金融是非生產性"的教條，導致極端的"金融壓制"：非但外資銀行與其他金融機構一一被迫結業離境，而且所有金融市場，包括股票市場、外匯

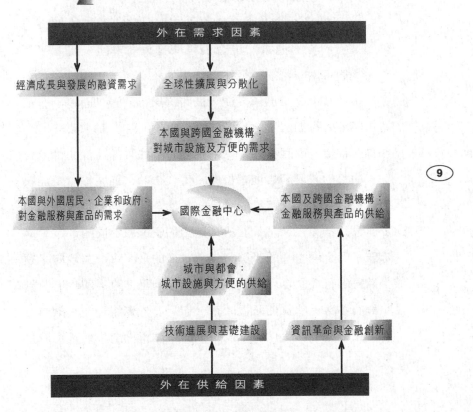

圖 1　促成國際金融中心的供求因素

外 在 需 求 因 素

經濟成長與發展的融資需求　　　全球性擴展與分散化

本國與跨國金融機構：
對城市設施及方便的需求

本國與外國居民‧企業和政府：　國際金融中心　　本國及跨國金融機構：
對金融服務與產品的需求　　　　　　　　　　　　金融服務與產品的供給

城市與都會：
城市設施與方便的供給

技術進展與基礎建設　　　　　　資訊革命與金融創新

外 在 供 給 因 素

9

市場和同業市場亦完全封閉（我們稍後將再討論上海）。同
樣地，以阿戰爭和黎巴嫩自 1975 年後的內戰，也導致貝魯
特作為中東金融中心的沒落。

　　如果戰爭、政治和意識形態不成為障礙的話，則決定
國際金融中心的要素，可全由經濟變數來表達。為方便起
見，我們可用一跨國銀行作為分析的核心，但同樣的分析法
亦可用於其他金融機構。從一個跨國銀行的觀點而論，一個
小市鎮或鄉村顯然不會被選擇為金融中心。金融中心非但必
須是一都市，而且必須是具備種種有利的實際條件的都市，
如：中央的或便利的地理位置、現代化的交通運輸以及能與
其他中心保持最大接觸的時區。顯然，一些早已是工商業中
心，其經濟腹地又是具有成長潛力的國家或地區的都市，最
有被選為金融中心的吸引力。更重要的是，東道國政府必須
為跨國銀行提供合理的營運環境。原則上，東道國政府對外
資銀行不應採取任何歧視政策，但只要外資銀行能在離岸中
心自由經營，不受任何干預，則若干歧視性措施還是可以接
受的。

　　嚴格的金融監管制度，只要它是遵守國際標準，旨在
保護消費者和投資者，而且不過分苛刻，也是可以接受的。
許多金融中心同時也是國家的首都，如倫敦、東京、巴黎、
羅馬等。但是，相反的實例，如紐約、法蘭克福、蘇黎世等

等，也不勝枚舉。因此，政治中心和金融中心並無一定的直接關聯。③強大的本國經濟，當然是一積極的要素，但倫敦的例證顯示，一個國際金融中心，即使本國經濟相對地衰落，如有其他補償性優勢的話，是仍可繼續保持其地位的。④

　　技術是影響金融中心發展的另一重大要素。伽巴德與西爾勃 (Garbade and Silber) 指出，國內電報和越洋海底電報的發明，奠定了倫敦和紐約自上世紀中葉以來的國際金融中心地位。⑤近 30 年來，通訊技術的迅速發展，使金融交易成本大為降低，一些能充分利用新技術的都市，也就乘勢崛興。⑥但通訊技術同時有向心的和離心的效應。例如，微型電腦及地區性網絡 (LANs) 的使用，能將一金融機構的非例行業務與例行業務分開。前者指涉外的，與客戶和公眾接觸的業務活動，如推銷、市場研究、產品發展、談判、法律諮詢、公共關係和中央管理等。後者指單純性、重複性的活動，如文書與簿記工作等。這些業務活動可遷移至市區以外進行，以節省工資和租金。⑦許多國際金融中心，包括香港在內，已出現了這種趨勢。最後結果端視向心與離心效應兩者孰大而定。

　　圖 1 中的"城市設施與方便"一詞，不僅包括基建、技術和監管制度，稅務制度顯然也是另一重要因素。在其他要

11

素相等的情況下，稅務優惠往往決定金融中心的選擇。不少國家將稅務優待限於離岸中心，但稅務優惠並非一國際金融中心的充分條件。這也是避稅天堂不能成為真正國際金融中心的原因。除了稅務以外，還有其他三大要素，其一是“法治”。“法治”的最廣泛定義是一基於司法獨立與公正，能獲得國際尊重和信心的健全法律制度。第二是受過相當教育，易於訓練的勞動力。一個金融中心，特別是國際金融中心，不僅需要銀行金融方面的人才，而且也需要其他方面的專業人才如律師、會計師、經濟師、精算師、系統分析師、程式師、管理顧問等等。如果一個都市缺乏這些人才，而又有志成為國際金融中心的話，便非招聘外來人才不可。第三是信息自由。金融業基本上是一信息工業。任何都市如不容許新聞與信息自由傳播的話，則無法成為一國際金融中心。

我們亦可以一跨國銀行為起點，討論金融服務與產品的供求。就國際金融中心而論，一個顯然的基本問題是：跨國銀行與本國或本地銀行相比，有甚麼相對優勢？照理，在東道國中，本國或本地銀行較熟悉本國或本地的法律習慣，與本國或本地當局及客戶較易維持良好關係。這一問題的提法，本身便排除了小型銀行。一間銀行只是當其成長到一定體積以後，才能通過其在海外建立分行、辦事處和附屬機構的網絡，實現規模經濟（economies of scale）。例如，同一電腦網絡和法律與公眾關係服務可以共同使用，因此業務擴展後，這方面的支出未必以同一比例增加。一個跨國銀行的強大資源、人才、經驗和技術，亦使其能以較低的邊際成本，提供較廣泛的金融產品與服務，尤其是專門性業務如銀團貸款、外匯、證券化和公司財務顧問服務為然。

　　金融中心一旦成立後，除了規模經濟外，尚可提供聚集經濟 (economies of agglomeration)。雖說地理距離的重要性已較前減少，但意見和信息的交換，以及面對面的接觸，還是重要的，而且可以節省不少成本，尤以包銷、銀團貸款和產品創新方面的活動為然。但是，這些經濟不可能無限度繼續：超過某一限度後，不經濟 (diseconomies) 的現象便會出現，否則，全世界的金融交易，可以在單獨一個中心進行和完成。當然，既付成本 (sunken costs) 和不可分割性 (in-divisibilities)，構成了金融中心分散化的惰力。[8]但和技術一樣，金融服務和產品的供給方面，也同時存在向心和離心的力量。

　　向外拓展的能力，必須與向外拓展的意志相結合，才能產生結果。國際銀行業的內部動力，本身便會導致這一結果。跨國銀行是跨國企業的配對物。第二次大戰後，跨國公司、跨國企業的國外投資以驚人速度擴展。寡佔性的大銀行無法不追隨其客戶在海外擴展。最低限度，為應付其競爭對

13

手起見,跨國銀行亦有在海外廣設分行的必要。美國銀行於 60 年代在這方面扮演了先驅的角色,但其後歐洲、日本和加拿大的銀行亦紛紛跟進。美國本身也不免受外資銀行的入侵。

即使沒有追隨客戶的壓力,跨國銀行也不能不採取國際分散化的策略,以開拓新的市場和收入來源。香港匯豐銀行在 70 年代後所實行的收購外國銀行策略,便是一個例證。

跨國銀行的擴展,也受到外幣存放市場(xeno-currency market),俗稱歐洲貨幣市場(Euro-currency market)高速成長的極大推動。外幣存放市場是以東道國貨幣以外的貨幣為單位進行存款與放款活動的市場。1958 年主要工業國家恢復自由匯兌後,作為一重大金融創新的歐洲貨幣市場(美元是該市場主要貨幣)乘勢崛興,為跨國銀行提供龐大的資金來源,進行國際貿易和投資的融資活動。歐洲美元市場對美國銀行尤為重要。在 1980 年"存款機構解除管制與貨幣控制法案"未通過前,美國銀行在國內受到諸多管制和限制。歐洲貨幣市場不受政府管制,在資金來源方面又能提供任何其他市場都無法比擬的深度和廣度,因此,一間跨國銀行一旦在歐洲貨幣市場立足,便有能力向客戶提供多采多姿的融資方式,包括多種貨幣長期貸款、包銷票據融資等等創新性的服務。

　　總之，一間典型的跨國銀行，有能力而且也願意通過其全球性的分行、辦事處和附屬機構網絡，提供全面性的多元化服務與產品。當然，對於這供給，必須有相應的需求，才能使跨國銀行生存。但貿易和生產的國際化，跨國企業的崛興，世界經濟和金融市場的一體化，都保證了這種需求的出現。在海外設有分支機構的大型工商企業，自然較喜與本國的金融機構來往。東道國的一些富裕客戶和企業，也為了安全和其他理由（例如轉移財富的方便），寧願選擇有聲譽的大跨國銀行。政府和國營企業也往往依賴跨國銀行為資金來源。一般而論，對跨國銀行的專業性和批發性服務，需求較大，因為東道國的本國或本地銀行，在零售性金融業務方面，享有較大的比較優勢。而且，多數國家為保護本國銀行業起見，往往禁止或限制跨國銀行進入零售金融市場。這便是跨國銀行在包銷、銀團貸款、證券化、公司財務顧問、項目融資、可轉讓存單，和外匯及貨幣市場業務方面較為活躍和成功的原因。

　　必須指出，一個金融中心，是不能在真空狀態中存在的。一個金融中心如欲持久生存，必須依靠實質部門經濟活動的支持。過去的國際金融中心如佛羅倫斯、熱那亞、阿姆斯特丹，今日的國際金融中心如倫敦、紐約、東京、香港和

15

新加坡，都是主要的內河港口或海港，並非偶然的事。國際
貿易融資，一直是銀行業的基本生計。[9] 而且，隨着世界經
濟的擴展，金融服務的貿易（與商品的貿易有別）也日趨重
要，[10] 一個國際金融中心如能同時又是跨國公司的區域性總
部，則其地位將更穩固，更卓越。不少分析家強調一個國際
金融中心的多方面功能：通訊中心、信息中心、管理中心
等。[11]

在詳細討論了金融中心的要素後，我們現在從不同的
觀點，分析金融中心的類別。

2.2 類別

從地理觀點而言，金融中心可按照其業務範圍或重點
而分類。如從小至大來說，第一類當然是"本國金融中心"
或"國家金融中心"。如一個金融中心的業務已擴展至本國
領土以外，它便成為了一"區域性金融中心"。有些地理區
域是清楚明瞭的：歐洲、美洲、中東、亞洲太平洋、加勒比
海等等。[12] 在這分類法下的頂點當然是"全球性中心"，其業
務範圍遍布全世界。必須指出，"國際金融中心"一詞涵蓋
了"區域性金融中心"和"全球性金融中心"，後者的地理範
圍當然最大。

　　純粹本國或國家金融中心不在本書論述範圍內，因為除了最貧窮的國家外，任何國家都可選擇某一都市而稱之為本國金融中心，即使以國際標準而言，該中心仍十分落後。另一方面，有些大都市同時是全球性、區域性和本國金融中心。目前最佳的實例是倫敦、紐約和東京。

　　從目的論的觀點而言，麥卡錫（McCarthy）將金融中心分為"名義中心"（paper centre）和"功能中心"（functional centre）兩類。[13] 一個名義中心純粹是一記載金融交易的場所，但真正的銀行或金融業務並不在該處進行，因此亦稱為"記賬中心"。許多跨國金融中心，在免稅或無監管的城市設立"空殼"分支機構，以將其全球性稅務負擔和成本減至最低。目前最主要的名義中心是安圭拉、巴哈馬、巴林、開曼群島、澤西島、安的列斯群島等。它們亦常被稱為"銅牌中心"（brass-plate centres），喻該處的金融機構僅僅掛上招牌而已，但無真正的金融業務或活動。"功能中心"則是所有各種金融服務和交易，如存款、放款、匯兌、證券買賣等等，真正進行，而且能創造或提供所得與就業的都市。

　　本人又將"功能中心"分為"一體化中心"和"隔離性中心"兩類。[14] 所謂"一體化中心"，指一個不將"境內市場"和"境外市場"或"離岸市場"人為地分隔的中心。因此，一旦一間金融機構獲准開業後，它便可自由進行任何境內境外、

17

本幣或外幣的業務。相反，一個"隔離性中心"則將"境內市場"與"境外市場"或本幣業務與外幣業務嚴格區別。外資金融機構多數限於境外市場營業。它們或是不准在境內市場營業，或受極大限制。有些金融中心採取折衷政策，有限度准許一些有國際聲譽的金融機構同時在境內境外市場營業。"隔離性中心"又常稱為"離岸金融中心"(offshore financial centre)。"離岸銀行中心"(offshore banking centre)一詞有時也被使用，意即只有銀行部門獲准國際化。

　　杜非與吉第 (Dufey and Giddy) 從發展階段的觀點區分金融中心。⑮第一類是"傳統中心"(traditional centre)，它通過種種形式，如銀行貸款、證券上市、包銷、配售等等活動，向全世界輸出資本，成為全球的淨債權者。經典式的範例是第二次大戰前的倫敦、第二次大戰後的紐約和 80 年代後的東京。第二類是"金融轉口埠"(financial entrepot)。這是一個將其本國或本地金融機構與市場的服務，同時提供予居民和非居民的中心，但它並非一淨資本輸出者。第二次大戰後，特別是歐洲貨幣市場在 50 年代末期興起後的倫敦、70 年代末期以後的紐約，是主要的範例。第三是"離岸銀行中心"。這是主要為非居民提供金融中介服務的中心。本國居民雖亦可有限度地參與離岸市場，但一般而論，政府用種種限制和條例，將國內市場與離岸市場嚴格分開。杜非和吉第將盧森堡、新加坡、香港、開曼群島和巴拿馬歸類於此範疇。

　　韓國學者朴永錫混合功能與地理的尺度，將離岸金融中心分為四種：“主要中心”、“記賬中心”、“集資中心”和“託收中心”。“主要中心”是資金來源與使用都是全球性的中心。他所舉的實例是倫敦和紐約。“記賬中心”和麥卡錫的“名義中心”相同，只是將資金記賬的中心。巴哈馬群島和開曼群島是主要實例。“集資中心”將自境外收集的資金供境內使用。他所舉的實例是新加坡和巴拿馬（這些實例是否妥當，是值得商榷的）。“託收中心”則將境內收集的資金供境外使用。他所舉的惟一實例是巴林。⑯

　　最後，從歷史和新馬克思主義的角度，葛羅西鐵加（Gorostiaga）將金融中心分為“傳統國際金融中心”和“新興國際金融中心”兩類。前者指先進資本主義國家，其貨幣又是國際貿易或儲備貨幣的金融中心，如倫敦、紐約、法蘭克福、蘇黎世等。這些國家的殖民地和保護國，和其他小國，往往依靠它們為海外融資的主要來源。後者則包括所有在 60 年代後，在資本主義制度邊緣崛起的金融中心。據作者稱，“這些新興中心缺乏金融自主性，它們通常是中介性區域中心，或傳統中心在不同時區中的延伸”。⑰就歷史發展的過程而論，這一分類法不能説全無根據。但過去 30 年

19

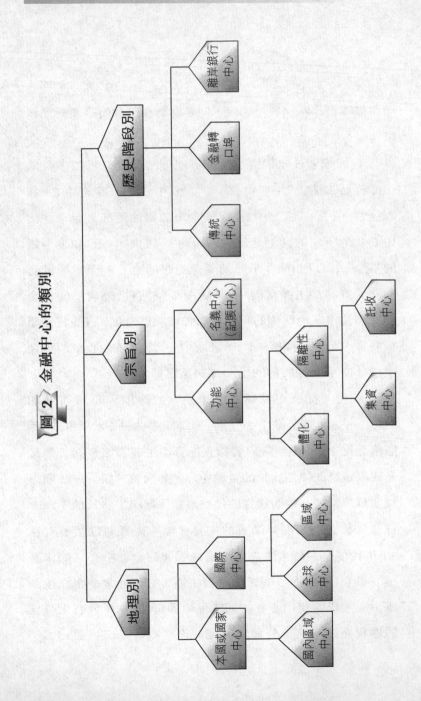

圖 2　金融中心的類別

來，世界金融制度變化迅速，上述“雙極式”的分類法，已不再有效地描繪日趨複雜的世界金融體系。例如，大家都同意東京是新興的全球性金融中心，但無人能斷言東京處在“資本主義制度的邊緣”。同樣地，新加坡和香港雖有共同的英國殖民地背景，但無人能説它們“缺乏金融自主性”。因此，“傳統中心”和“新興中心”兩詞，在本書中，將以不帶新馬克思主義色彩的形式，有選擇地使用。

　　各種不同角度的金融中心分類法，可以圖 2 來簡述。

註釋

① 見參考文獻（下同）中的 Kindleberger (1974)。

② 見 Roberts (1994)。

③ Kindleberger (1974) 曾預言，由於布魯塞爾是歐洲經濟共同體的行政首都，因此亦將成為歐洲的金融中心。目前看來，這一預言顯然落空了。

④ Kindleberger (1974) 的另一錯誤，是看淡倫敦。他說"英鎊太弱，英國的儲蓄太低，使倫敦無法成為歐洲的金融中心"。然而 20 多年後，倫敦非但是公認的歐洲首屈一指的金融中心，而且與紐約、東京齊名為三大全球性中心之一。如從某些尺度，如歐洲美元市場佔有率、外匯市場成交量、外資銀行數量、銀行海外資產等等來衡量，倫敦甚至領先於紐約和東京。Kindleberger 的錯誤，是他堅持一陳舊的觀念，即一國際金融中心必須同時又是淨資本輸出者。

⑤ 見 Garbade and Silber (1978)。

⑥ 見 Langdale (1985)；Moss (1988)；O'Brien (1992)。

⑦ 見 McGahey et al. (1990)。

⑧ 見 Davies (1990)。

⑨ 見 Kindleberger (1983)。

⑩ 見 Arndt (1984, 1988)；Grubel (1986)。

⑪ 見 Goldberg et al. (1988)；Reed (1983)；Smith (1984)。

⑫ 本書的"區域性中心"一詞的"區域"，是指一個以上的大洲，即超

越一個國家之外的地理區域，並非一個國家之內的地理區域。

⑬ 見 McCarthy（1979）。

⑭ 見 Jao（1980, 1988）。

⑮ 見 Dufey and Giddy（1978）。輸出資本的金融中心，不可與輸出資本的石油出口國家相混。

⑯ 見 Park（1982）。

⑰ 見 Gorostiaga（1984）。

香港是
怎樣的金融中心？

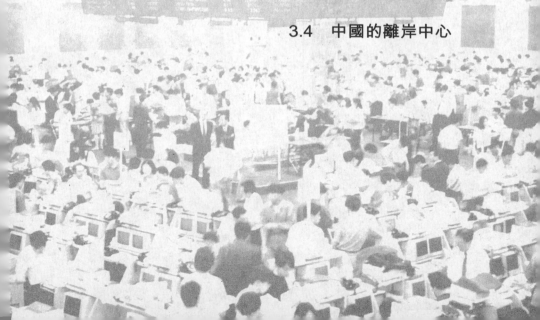

第 3 章

香港是怎樣的金融中心？

　　我們現在可用上章所創的理論架構，界定香港作為一金融中心的性質。

3.1　兩個謬見

　　我們先解決兩個相當流行的謬見。第一個謬見在香港和中國最為盛行。按此一謬見，香港是全世界第三大金融中心。甚至有些外國觀察家也同意這一意見。①這一意見的根據從未清楚地解釋，持此論者只是含糊地宣稱香港的外資銀行數目全球第三，或外資機構參與香港金融業的程度特別強，僅次於倫敦和紐約。香港外資銀行的數目，可能是全世界第三，但這只是評估金融中心的許多尺度之一，而且未必是最重要的尺度。其他尺度，如銀行業的體積，尤其是銀行對外債權與負債、金融市場市值與成交量、金融創新的多樣性等，更為重要。從這些標準來評估，香港並非甚麼全世界第三大金融中心（詳見下章）。

　　另一謬見則在海外極為流行。按這一見解，香港是一個“離岸金融中心”或“離岸銀行中心”。甚至一些著名學者也犯了這個錯誤。②

　　為充分了解我們的立場起見，我們先引述兩位權威關於“離岸金融中心”和“離岸銀行中心”的定義。羅拔士

27

（Roberts）説："離岸金融中心這一名詞，是 60 年代開始使用的。它描述一個新現象，即金融中心雖在某一國家成立，但與該國本身的金融制度並無關係。離岸金融中心紛紛成立的理由是歐洲貨幣市場 ── 在發行國以外流通的存款市場 ── 的驚人擴展。存款者與借款者間的外幣媒介作用，促成了離岸金融中心的崛興。當然，它們後來也提供其他許多服務，其活動也日趨多樣化。在某些情況下，離岸金融服務的發展，是政府或金融當局有意識的決策，旨在刺激國際銀行業務，促進就業與一般經濟活動，或第三世界的經濟發展。離岸金融中心是國際金融中心的第三梯級，其金融功能範圍較全球性或區域性中心為狹隘和被動。但不幸地，這些名詞的區別並不清晰明瞭。從某些角度看來，倫敦和瑞士由於它們在歐洲貨幣市場的地位，也可稱為主要的離岸金融中心。另一混亂的因素是有關文獻中，各種名詞的缺乏一致性。例如，‘離岸金融中心’和‘離岸銀行業’與‘國際金融中心’和‘國際銀行業’往往交替使用"。③

　　約翰斯（Johns）説："離岸銀行中心是一個定性的，而非一定位的名詞。它可用於以下不同情況： (1) 銀行在外國（不一定是島國）設立分支機構，因為外國當局在立法、稅務和監管方面較本國當局為寬鬆； (2) 政府當局指定若干自由金融區，在其中進行的國際銀行業務，可享受種種立法、稅務、監管方面的優待"。④

　　從這些定義可見，香港並非一離岸金融中心。香港政府從未設立一具有特惠稅務或監管條例，完全與本地經濟隔離的離岸中心或自由區。事實上，港府對居民與非居民，港幣與外幣業務之間，並不實施實質的法律和行政上的區別。⑤ 澳國學者賀森 (Hewson) 認識到這點，他說"香港並非我們討論中所指的離岸中心，即使許多重要的離岸業務能在香港進行"。⑥ 換言之，在香港，境內境外業務之間並無人為障礙，完全混合為一。

3.2　一體化的中心

　　較確切的說法是，香港是一個一體化的金融中心，即境內的金融業，並不故意地與離岸的金融業隔離。一間銀行或金融機構，一旦獲准營業後，即可從事任何港幣或外幣的境內境外業務。惟一的限制是 1978 年 3 月以後獲頒執照的外資銀行，只能開設一間分行，即只能從事批發銀行業務，但這對跨國銀行並不成為問題。第一，1978 年前早已設立的外資銀行不受限制，它們仍可從事零售與批發業務。第二，跨國銀行本身也不想從事零售業務，因為這種業務須聘請較多職工，租用較多商廈，成本較昂。即使它們對零售業務有興趣的話，盡可收購香港註冊銀行，反而效果較大。
總之，外資銀行和其他金融機構獲得充分的"國民待遇"，
但同樣地，它們也不能享受特別優惠。

　　由於上述理由，海外流行的稱香港為"離岸中心"的說
法，是不正確的，因為這名詞有兩個涵義：境內金融業對外
關閉，或規模極小。但這兩個涵義都不適用於香港。"金融
轉口埠"的名詞較為確切，但由於香港目前尚無正式的國際
收支會計制度，仍無法確定香港是否一淨資本輸出者，因此
亦無法斷定香港是否一"金融轉口埠"。香港同時進行內向
和外向的金融媒介，因此較佳的名詞仍是"一體化中心"。

　　香港的稅率雖較低，而且稅制較簡單，但它絕對不是
避稅樂園。因此，香港也絕非"名義中心"或"記賬中心"。
香港是金融業能創造大量所得與就業的"功能中心"。

3.3　區域性中心

　　地理的特徵較易界定。香港雖與全世界的大洲和地區
都有金融交易，但亞洲太平洋區則是其金融活動的核心。香
港不是像倫敦、紐約和東京那般的重量級全球性中心，但香
港的金融活動範圍顯然超過其領域，所以最適當的名詞是
"區域性中心"。

3.4　中國的離岸中心

　　香港回歸中國後，香港能否成為中國的"本國金融中心"？香港是有條件的，但問題是中國不准香港的金融機構（少數中資機構除外）從事人民幣業務。同時，中國亦有意恢復上海昔日的金融中心（至少是本國金融中心）地位。但九七之後，如果香港確能如《中英聯合聲明》和《基本法》所保證的保持其獨立的貨幣與金融制度，則香港成為中國的"離岸金融中心"的說法，是可以成立的。

　　香港的監管、稅務制度和一般投資環境遠較中國為優越和有吸引力。和中國不同，香港對外資企業（包括來自中國大陸的機構），完全採取"國民待遇"政策。但"中國的離岸金融中心"這一名詞，是從中國的觀點而創造的。從香港本身的觀點而論，香港仍是一個"一體化的金融中心"。

　　在亞太區範圍內，香港實際已是"中華經濟圈"——包括中國大陸、台灣、港澳和海外華僑的"金融轉口埠"。例如，香港對大陸和台灣都實行"國民待遇"政策，但大陸和台灣對香港都不能提供相應的互惠。⑦香港是中國國營企業和中資企業的第一集資中心。中國的外匯收入約有三分之一源自香港。港幣作為支付和保值手段在華南和澳門流通，已有一世紀以上的歷史。簡言之，香港是來自兩岸四地的金融機構都能和平共存並平等競爭，不受政治干預和保護主義限制的惟一中國人的都市。

總結我們的討論，香港是一個"一體化的功能性金融中心"。它是獨立的國際金融中心，不是倫敦、紐約或東京的附屬物。香港雖不是全世界第三大金融中心，但它肯定是亞太區三大金融中心之一，和全球第六或第七大的金融中心。80 年代中期以來，香港又實際成為"中華經濟圈"的"金融轉口埠"。九七回歸後，香港由於享有貨幣、財政和金融獨立，經濟環境較為自由，又能為中國現代化和工業化的融資需求作出貢獻，因此又將成為中國的"離岸金融中心"。

註釋

① 例如，一位法國學者說"香港是全世界第三大金融中心。對計劃在東亞立足的外國投資者來說，香港越來越被視為可代替東京的另一中心。在香港營業的國際銀行比巴黎或東京還要多：560 間銀行，其中 360 間是外資銀行的分行"（見 Cini, 1993, 第 117 頁）。

② 見 Dufey and Giddy（1978）；Johns（1992）。

③ 見 Roberts（1994）。

④ 見 Johns（1992）。

⑤ 第二次大戰（1939-41）年間，香港因係英屬殖民地，實行英國的外匯管制。1942-45 年日軍佔領期間，香港又被迫採取日本的外匯管制。第二次大戰結束後，香港繼續對英鎊匯兌實行管制，直至 1972 年脫離英鎊區為止。在外匯統治期間，港府對居民與非居民是加以區別的，但這與離岸金融中心無關。

⑥ 見 Hewson（1982），第 425 頁。

⑦ 筆者 1996 年 7 月 14 日在澳洲昆士蘭大學國際會議的論文，詳述香港作為中華經濟圈金融中心的地位。見 Jao（1996）。

香港作為國際金融中心的演變和現況

第 4 章

香港作為國際金融中心的演變和現況

4.1　起源

香港作為國際金融中心的起源，可溯至本世紀初。美國學者李德(Reed)在其關於國際金融中心的名著中，發現從 1900 年至 1980 年這段時期中，香港除了 1970 年和 1980 年外，其餘每隔 5 年，香港都名列於"十大國際銀行中心"之中。可能是由於缺乏其他金融數據之故，李德使用 9 個變數為其分析的基礎，而且這 9 個變數都是銀行變數。[①]這分析法後來擴大為 16 個變數。根據這方法，李德將 1980 年的國際金融中心分為四級，香港名列第三級。[②]

鍾斯(Jones)在其關於亞洲、中東和澳洲金融中心的著作中，提出一較簡單的分類法。[③]他認為國際金融中心可分三類：A 類是次區域性中心(sub-regional centre)，其國際金融活動的重點是該中心的本國經濟與其他國家的雙向貿易；B 類是區域性中心，能向一較大的地理區域(亞洲、太平洋區等等)提供金融服務；C 類是全球性中心，向全球提供全面性的金融服務。目前，全球性金融中心只有三個：倫敦、紐約和東京。此分類法見表 4.1。

筆者對上表的惟一批評，是東京未列在表內。正如第 2 章所指出，一個全球性中心同時又可以是區域性和本國金融中心。因此，東京在 1965 年後，可歸類於 B 類之下，1980

表 4.1 亞洲、中東和澳大利西亞的金融中心

1919-39 年		
A	B	C
上海 新加坡 香港		

1945-65 年		
A	B	C
香港 新加坡	貝魯特	

1965-75 年		
A	B	C
	貝魯特 新加坡 香港	

1975 年至今		
A	B	C
	巴林 新加坡 香港 雪梨	

資料來源：Jones（1992b）。

年後，可同時歸類於 B 和 C 類之下。④

　　從表 4.1 可見，第二次世界大戰前，香港和上海、新加坡都是次區域性中心，但上海公認較為領先。⑤第二次大戰期間，日本佔領了這三大都市，中斷了它們的次區域性中心地位。⑥第二次大戰結束後，上海由於國共內戰，地位不斷惡化。香港戰後不但僥倖地能在安定的環境中復元，而且在 40 年代末，從上海的人才、資本和金融機構的南遷中獲益。

4.2　演變與轉變

　　香港從次區域金融中心演變為區域金融中心，是 1969
年才開始的。[7] 在未開始這轉變過程前，香港經歷了兩大挫
折。其一是 1965 年動搖整個銀行制度的銀行危機。香港政
府當時認為香港銀行過多，暫停頒發銀行牌照，直至 1978
年才將禁令撤消。另一挫折是亞洲美元市場為新加坡所捷足
先登。60 年代末期，一些美國跨國銀行本有意在香港設立
亞洲美元市場，這一市場基本上是歐洲美元市場在亞洲時區
的延伸，但港府不願撤消外幣存款的利息稅，新加坡政府則
樂於用免稅和其他優惠吸引外資銀行。結果亞洲美元市場於
1968 年落入新加坡之手。新加坡作為金融中心的聲望因之
大振。[8]

　　幸虧這兩大挫折雖然嚴重，卻並未毀滅香港作為國際
金融中心的前途。香港雖暫停頒發銀行牌照，但銀行市場並
未向外關閉。1966-78 年間，有意進入香港銀行業的外資銀
行，可以選擇以下兩個途徑：其一是收購香港註冊銀行，股
權可購至 100%；其二是開設接受存款公司（1976 年前稱為
財務公司）。實際上，外資銀行也利用這兩個途徑進入香港
市場。另外，新加坡雖奪得亞洲美元市場，但其經濟體積太
小，無法全部運用其所吸引的美元存款。一些大跨國銀行因

39

此將新加坡的美元存款運用於其他較大的經濟體，包括香港在內。由於香港本身亦有相當數量的國際間活躍的銀行，因此順理成章地亦發展為銀團貸款中心。而且，由於監管和稅務制度較為有利，香港亦成為僅次於東京的基金管理中心。

即使如此，至 70 年代中期後，跨國銀行因不能在香港獲頒正式銀行牌照，日趨不滿。

在跨國銀行和新加坡競爭的壓力下，港府終於在 1978 年 3 月宣布重新向外資銀行頒發銀行牌照，條件是：（一）申請銀行原註冊地必須有健全的監管制度；（二）申請銀行的資產總額（對銷項目除外）超過 30 億美元（後來迭增至 160 億美元）；（三）申請銀行註冊地對香港銀行實施某種形式的互惠。[⑦]這一措施的效應是戲劇性的：1978 年前，海外註冊的外資銀行共 40 間，但此數至 1995 年底已增至 154。

其他的自由化措施也接踵而來。1982 年 2 月，港府撤消外幣存款的 15% 利息稅，但港幣存款的利息稅只減至 10%，至 1983 年 10 月才完全撤消。1989 年，所有利息，包括非金融機構對存款者或貸款者所付的利息，均可免稅。同時，為交收而作的股票暫借行為，可免除印花稅。1982 至 1984 年財政危機期間相繼增至 17% 和 18.5% 的標準稅率和公司利得稅率，在 1987 年至 1994 年間，逐漸降至 15% 和 16.5%。

　　1982 年至 1986 年的銀行危機，1987 年的全球性股
災，使香港期貨交易所幾瀕破產後，港府開始全面整頓監管
制度。另一方面，銀行業和其他金融服務行業仍繼續進行技
術革新。這些措施和進展使香港逐漸改善其國際形象，並維
持其競爭力。

　　由於篇幅所限，我們無法詳述過去的歷史。以上一些
主題將來仍將論及，但本章的焦點是香港目前國際金融中心
的地位。

4.3　最近的發展和現況

　　我們同意李德的意見，即商業銀行仍是任何金融制度
的核心，各種銀行業務指標仍是衡量和評估國際金融中心的
主要尺度。但 1980 年以來，國際金融制度發生了戲劇性的
變化，證券化和各種其他創新（特別是衍生工具），增強了金
融市場的重要性，從而相對減少了商業銀行的重要性；關於
資本市場的統計資料也漸趨完整。李德根據銀行業務指標所
作的"四階國際金融中心"，目前已略嫌過時了。

　　下面我們盡量利用所有尺度和指標（主要是 90 年代的
數據），來評估香港的現況，並盡可能在數據許可的條件
下，作國際性的比較。

銀行和其他主要金融機構的數目，當然是顯然的出發點。表 4.2 提供 1990-95 年間，香港主要金融機構的概覽。三級銀行制下的兩個最重要機構，即持牌銀行和有限制牌照銀行的數目，尤其是外資銀行數目，仍保持上升趨勢。但第三級的接受存款公司，則顯然有下降趨勢。這是港府既定的政策結果，與九七無關。自 70 年代末期以來，港府的公開政策是逐漸淘汰資本不足，管理不善的接受存款公司。自 1981 年後，只有銀行控制 50% 以上股權的接受存款公司，才能獲准註冊。

代表辦事處按其性質，當然是外資機構，它們的數目保持平穩。保險公司則略為下降，這可能是 1983 年保險公司條例通過，保險業監理處成立後監管較嚴的結果。

基金管理業則有飛躍性的擴展。在 90 年代中，註冊批准的單位信託和互惠投資基金數量幾乎增加 3 倍，外資機構增加 4 倍以上。

一般而論，1997 年主權易手，對香港金融機構數目，特別是海外註冊的機構，並無任何影響。

外資銀行的質素，從表 4.3 關於在港營業的世界最大 1,000 間銀行可見端倪。該表不包括在港註冊的銀行。在 1990-95 年間，全世界最大 1,000 間銀行中，平均有 400 餘家以不同形式在港營業。尤其值得注意的是，在最大 100 間

表 4.2　香港金融機構類別

(年底)

類別	1990	1991	1992	1993	1994	1995
I. 持牌銀行	166	163	164	172	180	185
a. 香港註冊	30	30	30	32	32	31
b. 海外註冊	138	133	134	140	148	154
II.有限制牌照銀行	46	53	56	57	63	63
a. 香港註冊	32	31	33	33	35	37
b. 海外註冊	14	22	23	24	28	26
III.接受存款公司	191	159	147	142	137	132
a. 香港註冊	187	155	143	139	134	129
b. 海外註冊	4	4	4	3	3	3
IV. 外資銀行代表辦事處	155	152	148	142	157	157
V.保險公司	258	240	233	229	229	223
a. 香港註冊	121	113	106	104	103	100
b. 海外註冊	137	127	127	125	126	123
VI.單位信託投資基金及 互惠投資基金*	376	920	957	901	903	1,003
a. 香港註冊	147	139	101	76	73	43
b. 海外註冊	229	781	856	825	830	934

＊ 3 月底數字。

資料來源：香港金融管理局；保險業監理處；證券與期貨事務監察
　　　　　委員會。

表 4.3 1990-1995 年在港營業的全世界最大 1,000 間銀行

世界排名	外資銀行數目						持牌銀行						有限制牌照銀行						接受存款公司						代表辦事處					
	90	91	92	93	94	95	90	91	92	93	94	95	90	91	92	93	94	95	90	91	92	93	94	95	90	91	92	93	94	95
1-20	18	19	19	18	19	19	18	19	19	17	17	18	9	10	11	10	10	11	14	14	14	14	13	12	-	2	2	-	4	3
21-50	26	22	24	26	28	27	26	21	23	23	23	25	3	2	2	6	7	5	17	9	9	9	9	9	1	6	2	3	6	3
51-100	37	34	35	37	38	39	32	32	28	30	29	29	4	3	3	4	2	4	20	14	12	12	15	10	7	7	8	5	9	11
101-200	55	53	53	58	65	57	29	31	27	34	44	45	2	2	3	3	5	3	24	20	18	17	17	17	27	23	28	22	20	17
201-500	77	78	80	71	86	86	20	16	21	20	24	26	6	8	9	9	17	15	24	21	21	13	18	19	48	57	50	43	57	52
501-1,000	110	107	99	101	93	109	13	14	16	16	11	11	9	14	15	14	12	13	30	34	29	35	20	23	72	57	58	69	60	86
總計	323	313	310	311	329	337	138	133	134	140	148	154	33	39	43	46	53	51	129	112	103	100	92	90	155	152	148	142	156	172

註：持牌銀行、有限制牌照銀行、接受存款公司和代表辦事處總數超過外資銀行總數，因為同一間外資銀行可以不同形式在港營業。
本表不包括在港註冊的銀行在內。

資料來源：香港金融管理局年報及英國《銀行家》月刊。

銀行（李德所稱“在國際間活躍的銀行”）中，1995 年底有 85
間在香港以持牌銀行（全面服務銀行）的身分營業。香港的
三級銀行制度中，有 90 間日資銀行，是東京以外日資銀行
集中程度最高的都市。

　　上章中，我們提及有人誇稱香港是全球第三大金融中
心（以外資銀行數目計）。為求證起見，我們用李德 1983 年
的 36 都市為起點，再加上四大城市，即日內瓦、上海、馬
尼拉和曼谷，以比較它們的外資銀行。結果請見表 4.4。

　　以前的一般見解是，單以外資銀行數目計（包括全面服
務的分行、附屬機構和代表辦事處在內），香港僅次於倫敦
和紐約。包括最近統計資料的表 4.4，卻顯示香港已超過紐
約，成為外資銀行數目排名第二的中心。此一成就雖令人振
奮，但香港是全球第三大金融中心的說法，仍是誇張的。外
資銀行數目只是評估國際金融中心的一個，而且不一定是最
重要的尺度之一。何況，1995 年底，香港的 357 間外資銀
行中，有 157 間是代表辦事處，它們是不能從事營業性業
務的。銀行業務量才是較可靠的指標。

　　一般同意，商業銀行的國外資產和負債、越境同業債
權與負債、越境對非銀行企業貸款，是評估國際金融中心的
較重要指標。國際貨幣基金的《國際金融統計》，提供了這
方面各會員國的數據。為了節省篇幅和便利比較起見，我們

45

表 4.4　主要都市的外資銀行

都市	日期	外資銀行數目＊	世界排名
倫敦	1995 年底	536	1
香港	1995 年底	357	2
紐約	1995 年三月底	326	3
法蘭克福	1995 年底	277	4
新加坡	1995 年三月底	185	5
東京	1994 年底	153	6
巴黎	1994 年底	114	7
洛杉磯	1994 年底	95	8
蘇黎世	1994 年底	91	9
盧森堡	1994 年底	75	10
漢城	1994 年底	75	11
多倫多	1994 年底	73	12
墨西哥城	1994 年底	66	13
芝加哥	1994 年底	65	14
馬德里	1994 年底	63	15
布魯塞爾	1994 年底	60	16
布宜諾斯艾利斯	1994 年底	60	17
曼谷	1994 年底	60	18
米蘭	1994 年底	59	19
雪梨	1994 年底	58	20
上海	1995 年底	57	21
聖保羅	1994 年底	55	22
阿姆斯特丹	1995 年底	54	23
日內瓦	1994 年底	48	24
巴林	1994 年底	47	25
舊金山	1994 年底	41	26
台北	1995 年底	39	27
巴拿馬城	1994 年底	37	28
里約熱內盧	1994 年底	33	29
孟買	1994 年底	33	30
馬尼拉	1994 年底	31	31
墨爾本	1994 年底	28	32
蒙特利爾	1994 年底	25	33
羅馬	1994 年底	23	34
維也納	1994 年底	23	35
大阪	1994 年底	22	36
漢堡	1994 年底	18	37
杜塞道夫	1994 年底	16	38
巴塞爾	1994 年底	7	39
神戶	1994 年底	3	40

＊外資銀行數包括分行、辦事處、附屬機構。

資料來源：《銀行家年鑑》1995 年；《銀行家》月刊；中國人民銀
　　　　　行、台灣中央銀行、香港金融管理局、英倫銀行、其他
　　　　　各國中央銀行。

刪除 1994 至 1995 年資料欠全的，和總值少於 600 億美元的國家。數據整理後的比較結果，見表 4.5 至表 4.9。

表 4.5　銀行海外資產

國家／地區	年／月	總值（十億美元）	世界排名
英國	1994 年底	1,200	1
	1995 年第二季	1,310	1
日本	1994 年底	1,008	2
	1995 年第二季	1,177	2
美國	1994 年底	656	3
	1995 年 8 月	712	3
香港	1994 年底	615	4
	1995 年 7 月	705	4
法國	1994 年底	605	5
	1995 年第一季	695	5
德國	1994 年底	485	6
	1995 年 8 月	548	6
瑞士	1994 年底	459	7
	1995 年 8 月	497	7
新加坡	1994 年底	385	8
	1995 年 8 月	406	8
荷蘭	1994 年底	200	9
	1995 年 8 月	230	9
意大利	1994 年底	127	10
	1995 年第一季	119	11
西班牙	1994 年底	115	11
	1995 年 8 月	126	10
奧地利	1994 年底	77	12
	1995 年 8 月	88	12

資料來源：IMF *International Financial Statistics*。

表 4.6 銀行海外負債

國家／地區	年／月	總值（十億美元）	世界排名
英國	1994 年底	1,284	1
	1995 年第二季	1,401	1
美國	1994 年底	944	2
	1995 年 8 月	991	2
日本	1994 年底	724	3
	1995 年第二季	772	3
法國	1994 年底	593	4
	1995 年第一季	681	4
香港	1994 年底	532	5
	1995 年 7 月	614	5
德國	1994 年底	379	6
	1995 年 8 月	462	6
瑞士	1994 年底	384	7
	1995 年 8 月	410	8
新加坡	1994 年底	381	8
	1995 年 8 月	436	7
荷蘭	1994 年底	189	10
	1995 年 8 月	219	9
意大利	1994 年底	231	9
	1995 年第一季	196	10
西班牙	1994 年底	101	11
	1995 年 8 月	100	11
奧地利	1994 年底	83	12
	1995 年 8 月	95	12

資料來源：IMF *International Financial Statistics*。

表 4.7　越境同業債權

（以貸款銀行所在地計）

國家／地區	年／月	總值（十億美元）	世界排名
英國	1994 年底	866	1
	1995 年第二季	931	1
日本	1994 年底	764	2
	1995 年第二季	911	2
美國	1994 年底	566	3
	1995 年第一季	583	3
法國	1994 年底	406	4
	1995 年第一季	465	4
瑞士	1994 年底	373	5
	1995 年 8 月	405	5
香港	1994 年底	358	6
	1995 年 7 月	381	6
德國	1994 年底	319	7
	1995 年 8 月	360	7
新加坡	1994 年底	272	8
	1995 年第一季	281	8
荷蘭	1994 年底	139	9
	1995 年 8 月	162	9
西班牙	1994 年底	100	10
	1995 年 8 月	109	10

資料來源：IMF *International Financial Statistics*。

表 4.8　越境同業負債

（以借款銀行所在地計）

國家／地區	年／月	總值（十億美元）	世界排名
英國	1994 年底	989	1
	1995 年第二季	1,090	1
美國	1994 年底	832	2
	1995 年 8 月	879	2
日本	1994 年底	704	3
	1995 年第二季	749	3
香港	1994 年底	532	4
	1995 年 7 月	614	4
法國	1994 年底	389	5
	1995 年第一季	456	5
新加坡	1994 年底	310	6
	1995 年 7 月	365	6
德國	1994 年底	260	7
	1995 年 8 月	322	7
瑞士	1994 年底	130	8
	1995 年 8 月	137	8
荷蘭	1994 年底	114	9
	1995 年 8 月	136	9
西班牙	1994 年底	64	10
	1995 年 7 月	68	10

資料來源：IMF *International Financial Statistics*。

表 4.9　對非銀行企業越境信貸

(以貸款銀行所在地計)

國家／地區	年／月	總值（十億美元）	世界排名
英國	1994 年底	334	1
	1995 年第二季	379	1
香港	1994 年底	257	2
	1995 年 7 月	324	2
日本	1994 年底	243	3
	1995 年第二季	266	3
法國	1994 年底	199	4
	1995 年第一季	231	4
德國	1994 年底	166	5
	1995 年 8 月	188	5
新加坡	1994 年底	150	6
	1995 年 8 月	170	6
美國	1994 年底	89	7
	1995 年第一季	94	7
瑞士	1994 年底	86	8
	1995 年 8 月	92	8
荷蘭	1994 年底	61	9
	1995 年 8 月	69	9

資料來源：IMF *International Financial Statistic*。

51

　　從這五個表可見，香港根據上述尺度的世界排名是相當出色的。例如，在 1994-95 年間，香港在海外資產排名第四，海外負債排名第五，越境同業債權排名第六，越境同業負債排名第四。最令人驚異的是，香港在越境對非銀行企業信貸竟排名第二。表 4.9 也證實我們的印象，即香港是主要的銀團貸款中心。群集香港的國際活躍銀行，經常地為非銀行企業安排銀團貸款，尤以亞太地區為然。

　　值得注意的是，在五個表上，英國都排名第一。這當然反映倫敦在歐洲貨幣市場，或歐洲美元市場的領導地位，而且也顯示金德貝格在其 1974 年的著作中，貶低倫敦的國際金融中心地位的展望是如何地錯誤。[⑩] 一個謎團是作為最大經濟體的美國，排名相對地低。但這是可以解釋的。倫敦的美國銀行，在歐洲美元市場極為活躍，將在倫敦吸納的存款轉貸他國，包括美國本身。注意表 4.9 是根據"貸款銀行所在地"而編製的。如該表根據"貸款銀行國籍"而編製，相信結果將大不相同。

　　香港銀行業的國際地位，因此是相當高的。但國際金融中心並不等於國際銀行中心，其他金融市場的交易量也相當重要。在這方面而論，香港的表現便較為遜色了。

　　外匯市場的成交量，公認為是評估國際金融中心的一極重要的尺度，因為它提供了任何中心是否容許自由匯兌，和資金自由流動的酸性測驗。1992 年，國際結算銀行（Bank for International Settlements）統籌各國中央銀行進行外匯市場交易的國際性調查。這一調查計劃在 1995 年再次舉行。表 4.10 是 1992 年 4 月和 1995 年 4 月各主要國家或地區的每日成交量的摘要。

從表 4.10 可見，1992 年，香港外匯市場每日淨成交量是 600 億美元，在全世界排名第六。3 年後，香港外匯市場成交量增長一半，超越瑞士，在全球排名第五。香港排名在新加坡之後，但 1992 至 1995 年間的增長率略高於新加坡。

外匯交易的貨幣與交易對手之構成亦可用來評估一個中心的國際地位。一般而論，在其他因素不變的情況下，本幣以外的外幣交易百分率，以及海外交易對手百分率越高，則該中心的開放和國際化程度也越高。表 4.11 顯示，1995 年 4 月，港幣以外的外幣交易，佔交易總值的 83.1%，其中美元與其他外幣的交易佔 77.6%。表 4.12 顯示與海外對手交易的百分率，從 1989 年 4 月的 66.8% 增至 6 年後的 70.9%。這些百分率清楚地表明，香港的外匯市場是真正國際化和向外開放的。

1995 年，國際結算銀行又有新猷，統籌全球性的金融衍生工具調查。香港參加者除三級制下的認可機構外，還包

表 **4.10** 外匯市場每日淨成交量

(十億美元)

國家／地區	1992	世界排名	1995	變化（%）	世界排名
英國	291	1	465	60	1
美國	167	2	244	46	2
日本	120	3	161	34	3
新加坡	74	4	105	43	4
瑞士	66	5	87	32	6
香港	60	6	90	50	5
德國	55	7	76	39	7
法國	33	8	58	74	8
澳洲	29	9	40	37	9
加拿大	22	10	30	36	10
丹麥	27	11	29	11	11
比利時	16	13	28	79	12
荷蘭	20	12	26	30	13
意大利	16	14	23	50	14
瑞典	21	15	20	-7	15
盧森堡	13	16	19	45	16
西班牙	12	17	18	49	17
奧地利	4	18	16	252	18
其他	31		39	23	

資料來源："The Foreign Exchange Market in Hong Kong", Hong Kong Monetary Authority *Quarterly Bulletin*, Nov. 1995, pp.12-18。

表 4.11　外匯交易的貨幣構成

（十億美元）

貨幣	每日淨成交量			百分比	
	1992 年 4 月	1995 年 4 月	三年間變化 （％）	1992 年 4 月	1995 年 4 月
港幣對:					
- 美元	8.2	14.3	74.3	13.5	15.7
- 其他	0.6	1.0	66.7	0.9	1.1
小計	8.8	15.3	73.9	14.4	16.8
美元對:					
- 馬克	16.3	22.8	39.9	26.8	25.2
- 日圓	15.7	26.1	66.2	25.7	28.7
- 瑞士法郎	2.8	3.6	28.6	4.6	4.0
- 英鎊	6.2	6.1	-0.02	10.1	6.8
- 澳元	1.5	2.7	80.0	2.4	3.0
- 加元	1.9	1.5	-21.1	3.2	1.6
- 其他	2.4	7.6	216.7	3.9	8.3
小計	46.8	70.4	50.0	76.7	77.6
交叉盤:					
- 日圓對馬克	1.4	2.2	57.1	2.3	2.4
- 英鎊對馬克	2.0	1.0	-50.0	3.4	1.1
- 其他	1.9	1.8	-5.3	3.2	2.0
小計	5.3	5.0	-5.7	8.9	5.5
總計	60.9	90.7	49.0	100.0	100.0

資料來源：見表 4.10。

55

表 4.12　外匯交易對手分析

(十億美元)

交易對手	每日淨成交量					百分比		
	1989 年 4 月	1992 年 4 月	三年間變化 (%)	1995 年 4 月	三年間變化 (%)	1989 年 4 月	1992 年 4 月	1995 年 4 月
香港認可機構	10.9	12.1	11.1	13.7	13.2	22.2	20.1	15.1
海外外匯市場交易商	32.8	41.5	26.5	64.4	55.2	66.8	68.8	70.9
其他金融機構	0.8	1.5	87.5	4.5	200.0	1.7	2.5	5.0
非金融機構	4.6	5.2	13.0	8.2	57.7	9.3	8.7	9.0
總計	49.1	60.3	22.8	90.8	50.6	100.0	100.0	100.0

資料來源：見表 4.10。

括一些證券公司和投資公司。如表 4.13 所示，香港的外匯
衍生工具每日淨交易量為 560 億美元，在全球排名第五，
利率衍生工具每日淨交易量則為 180 億美元，在全球排名
第八。如以所有衍生工具交易總量計，香港每日淨交易量為
740 億美元，在全球排名第七。但在股票期貨和商品衍生工
具方面，因缺乏數據，無法作國際比較。就有資料的衍生工
具而論，外匯衍生工具遠較利率衍生工具重要。兩者交易對
手多數是海外銀行，顯示此一市場的國際性。和其他海外市
場一樣，在外匯衍生工具方面，美元／日圓和美元／馬克是
主要貨幣交易對象。而在利率衍生工具方面，美元／日圓佔
主要地位。香港因此是全球衍生工具交易的重要中心。值得
注意的是，無論在外匯或衍生工具市場，香港均略較新加坡
落後。

　　和外匯市場相比，香港股票市場的國際地位較為遜
色。世界銀行的附屬機構，國際財務公司 (IFC)，多年來編
製各國股票市場的比較資料。表 4.14 顯示，1995 年末，香
港在全世界股市總值排名第九，成交量排名第十一，上市公
司排名第十六。香港在三方面均領先於新加坡；除了成交量
外，亦領先於台灣。

　　香港的黃金市場較為特別，由三個不同市場組成，
即本地倫敦金市、金銀業貿易場和香港期貨交易所的期金

57

表 4.13 外匯與利率衍生工具合約每日淨成交量

(1995 年 4 月)

國家／地區	外匯		利率		總計	
	十億美元	排名	十億美元	排名	十億美元	排名
英國	301	1	296	2	597	1
日本	112	3	477	1	589	2
美國	137	2	222	3	359	3
法國	37	8	109	4	146	4
新加坡	63	4	40	6	103	5
德國	45	6	47	5	92	6
香港	56	5	18	8	74	7
澳洲	23	9	37	7	60	8
瑞士	45	7	7	12	52	9
加拿大	19	12	15	9	35	10
比利時	22	11	10	10	33	11
丹麥	23	9	4	16	26	12
所有國家／地區	968		1,330		2,298	

資料來源：香港金融管理局。

表 4.14　1995 年各國股票市場比較

排名	市場	股市總值 （百萬美元）	排名	市場	成交總值 （百萬美元）	排名	市場	上市本國或 本地公司
1	美國	6,857,622	1	美國	5,108,591	1	印度	7,985
2	日本	3,667,292	2	日本	1,231,552	2	美國	7,671
3	英國	1,407,737	3	德國	1,147,097	3	日本	2,263
4	德國	577,365	4	英國	1,020,262	4	英國	2,078
5	法國	522,053	5	法國	729,099	5	捷克	1,635
6	瑞士	433,621	6	台灣	383,099	6	加拿大	1,196
7	加拿大	366,344	7	瑞士	310,928	7	澳洲	1,178
8	荷蘭	356,481	8	荷蘭	248,606	8	巴基斯坦	764
9	香港	303,705	9	韓國	185,197	9	埃及	746
10	南非	280,526	10	加拿大	183,686	10	韓國	721
11	澳洲	245,218	11	香港	106,888	11	德國	678
12	馬來西亞	222,729	12	澳洲	97,884	12	以色列	654
13	意大利	209,522	13	瑞典	93,197	13	南非	640
14	西班牙	197,788	14	意大利	86,904	14	巴西	543
15	台灣	187,206	15	巴西	79,186	15	馬來西亞	529
16	韓國	181,955	16	馬來西亞	76,822	16	香港	518
17	瑞典	178,049	17	新加坡	60,461	17	法國	450
18	新加坡	148,004	18	西班牙	59,791	18	泰國	416
19	巴西	147,636	19	泰國	57,000	19	荷蘭	387
20	泰國	141,507	20	土耳其	51,392	20	西班牙	362

資料來源：International Finance Corporation *Emerging Stock Markets Factbook 1996*。

市場。⑪

　　本地倫敦金市是國際性的金市，參與者是大銀行和國際金商。買賣黃金純度是 99.95，成交後兩日交收，以美元在紐約結算，實金則在倫敦認可金庫交收。這一金市反映倫敦或紐約的價格變化，成交活躍，但毫無統計資料。

　　金銀業貿易場成立於 1910 年，是全世界最大的黃金市場之一。由於其買賣的黃金純度為 99%，故亦稱九九金市，交易單位為 100 兩（每兩約等於 1.2 盎司），以港元計算。九九金市名義上是現貨市場，但由於買賣雙方均可延期交收，而且遞延無一定期限，因此該市場實際上已成為一種無限期的期貨市場，但買賣雙方如欲延期交收，須遵守議息制（實際上是一種倉費制）。表 4.15 提供金銀貿易場的成交量。

表 4.15 金銀貿易場成交量

年度	每年成交量（兩）	每日成交量（兩）
1990	46,666,400	159,271
1991	31,349,400	106,630
1992	24,097,800	82,527
1993	24,481,900	83,842
1994	23,601,500	80,827
1995	18,644,700	63,852

資料來源：金銀貿易場。

　　黃金期貨是 1980 年由當時的香港商品交易所創設，目前由香港期貨交易所經營。近年來，期金交易相當沉寂。

　　由於數據不足，無法確定香港金市的國際排名。但香港被公認為全球四大金市之一（其他三個是倫敦、紐約和蘇黎世）。香港金市也是亞太區最大的金市。據一位專家估計，在 80 年代初期，香港金市成交量佔整個亞太區的 75%。[⑫]香港金市是全球惟一在星期六營業的金市，在全球 24 小時交易中，扮演重要的角色。香港買賣價的差額為每盎斯 0.2 美元，等於歐洲金市的一半。[⑬]

(61)

　　從國際觀點而論，香港的債券市場，是最薄弱的一環。表 4.16 根據世界銀行資料，顯示香港債券市場是亞洲（日本除外）第二規模最小的市場。亞洲的債券市場又完全

表 4.16　亞洲債券市場規模

（十億美元）

	1993 年底	1994 年底
中國	47.4	33.4
香港	6.0	11.5
印度	69.2	83.6
印尼	13.3	9.1
韓國	138.1	161.0
馬來西亞	35.1	39.5
菲律賓	23.7	25.1
新加坡	38.4	44.9
泰國	10.3	13.7

資料來源：*Emerging Asian Bond Market*, World

無法與工業化國家的債券市場相比。例如，1993 年底，美國、日本和德國的債券市場規模，分別為 69,930 億美元、28,870 億美元和 15,870 億美元。

香港政府傳統的保守財政政策，使港府不必舉債，當然是香港債券市場不甚發達的主要理由。根據世界銀行分析："從歷史上看，香港債券市場的發展，受到幾個因素的阻礙。最重要的因素大概是缺乏無風險的政府公債，作為評估債券信用的基準。普通投資者偏愛股票市場，也減少了對公司債券的需求。銀行在金融體系中的主導地位，使銀行信貸擴展的程度，遠大於債券市場。香港缺乏債券評估機構，也妨礙了港元債券市場的發展。最後，根據許多市場人士的意見，港府如能豁免債券利息的利得稅和印花稅，對香港債券市場的發展定有積極影響"。⑭

香港金融管理局 ── 香港實際上的中央銀行 ── 自 1993 年成立以來，積極從事定息債券市場的推動。金管局不斷發行外匯基金票據。香港外匯基金票據及債券相當於其他國家的國庫券。但和國庫券不同，外匯基金票據和債券的目的不在彌補財政赤字，而是作為拓展貨幣市場，協助貨幣政策之用。金管局已設立債務工具電腦結算系統，旨在減少結算風險。金管局屬下的債務工具中央結算系統，為私營機構提供債務工具保管與結算服務。金管局亦批准外國機構發行港元債務。因此，香港債券市場規模雖小，但正在迅速發展中。

表 4.17　港元銀行同業拆息市場每日平均成交量

（百萬港元）

年/月		與在港認可機構之交易			與海外銀行之交易			所有交易		
		拆放/借入	掉期	總計	拆放/借入	掉期	總計	拆放/借入	掉期	總計
1993	十二月	51,569	21,773	73,342	22,284	14,618	36,902	73,852	36,391	110,243
1994	一月	57,754	26,614	84,368	28,628	15,278	43,906	86,382	41,892	128,274
	二月	48,457	29,179	77,636	26,528	17,420	43,948	74,985	46,599	121,584
	三月	48,326	28,039	76,365	23,633	15,231	38,864	71,959	43,269	115,228
	四月	46,706	25,601	72,307	25,470	15,630	41,100	72,176	41,230	113,406
	五月	48,922	23,509	72,431	26,269	11,751	38,020	75,191	35,260	110,451
	六月	50,926	18,479	69,405	31,497	12,930	44,427	82,424	31,409	113,833
	七月	52,243	17,958	70,201	28,929	12,827	41,756	81,172	30,785	111,957
	八月	50,195	19,241	69,436	27,732	12,717	40,449	77,927	31,958	109,885
	九月	55,808	22,614	78,422	29,624	17,379	47,003	85,432	39,993	125,425
	十月	54,626	22,816	77,442	25,567	15,440	41,007	80,193	38,257	118,450
	十一月	58,325	24,813	83,138	27,449	15,576	43,025	85,774	40,389	126,163
	十二月	58,056	25,636	83,692	30,087	13,980	44,067	88,143	39,615	127,758
1995	一月	61,353	27,847	89,200	32,098	17,106	49,204	93,451	44,954	138,405
	二月	62,271	25,936	88,207	32,206	19,352	51,558	94,477	45,288	139,765
	三月	62,394	25,941	88,335	33,142	18,313	51,455	95,535	44,254	139,789
	四月	67,376	31,206	98,582	39,615	22,247	61,862	106,991	53,453	160,444
	五月	60,618	29,805	90,423	39,320	19,051	58,371	99,938	48,856	148,794
	六月	68,205	25,855	94,060	41,690	21,369	63,059	109,895	47,223	157,118
	七月	68,551	24,558	93,109	43,812	20,285	64,097	112,363	44,843	157,206
	八月	63,695	23,803	87,498	42,097	22,262	64,359	105,792	46,065	151,857
	九月	73,509	26,287	99,796	46,660	21,686	68,346	120,169	47,973	168,142
	十月	72,561	30,294	102,855	45,117	21,426	66,543	117,678	52,720	170,398
	十一月	68,910	27,693	96,603	47,770	22,618	70,388	116,679	50,311	166,990
	十二月	68,184	27,905	96,089	46,785	19,449	66,234	114,969	47,355	162,324

資料來源：香港金融管理局，《金融數據月報》。

表 4.18　結算所成交量

(期內總數，百萬港元)

年份	支票	結算所自動轉賬系統	電子結算	總計
1991	11,032,931	13,834,634	72,166	24,939,731
1992	14,201,298	18,697,143	357,536	33,255,977
1993	17,444,316	27,052,649	2,840,360	47,337,325
1994	17,134,850	37,267,633	3,584,165	57,986,648
1995	16,116,195	47,192,481	3,081,236	66,389,912

資料來源：香港金融管理局，《金融數據月報》。

64

　　作為銀行系統附屬物的同業市場和票據交換所，非常活躍，而且發展迅速（見表 4.17 和 4.18）。由於有關資料缺乏和篇幅所限，無法作國際比較。但表 4.7 和 4.8 已顯示香港越境銀行同業交易的國際地位。

　　香港期貨交易所在 1987 年全球股災時，幾乎破產，幸賴當局援助才渡過難關。[15]但至 1994 年底，恆生指數期貨交易量已超過股災前水平。1995 年，恆指期貨和期權合約成交量分別為 18,407 和 2,614，較 1994 年分別增加 9% 和 7%。

　　表 4.19 顯示香港銀行系統的外向性質（括弧內數字表示負債或債權的百分比）。1991 至 1995 年間，三級制下認可機構的對外負債和債權，分別佔總數的 62% 和 67%。而

表 4.19 香港銀行系統對外負債與債權

(百萬港元)

	對海外銀行負債		對海外銀行債權	
年底	港元	外幣	港元	外幣
1991	125,421(2.2%)	3,234,165(57.5%)	45,127(0.8%)	2,403,373(42.8%)
1992	125,451(2.2%)	3,187,861(55.6%)	64,489(1.1%)	2,252,760(38.3%)
1993	129,474(2.1%)	3,250,458(53.6%)	96,091(1.6%)	2,110,578(34.8%)
1994	174,065(2.4%)	3,940,823(53.8%)	140,133(1.9%)	2,626,176(35.9%)
1995	198,452(2.5%)	4,088,476(52.2%)	118,355(1.5%)	2,566,292(32.7%)
	對海外非銀行客戶負債		對海外非銀行客戶債權	
年底	港元	外幣	港元	外幣
1991	15,989(0.3%)	218,420(3.9%)	15,356(0.3%)	1,451,522(25.8%)
1992	16,098(0.3%)	262,366(4.6%)	18,648(0.3%)	1,592,279(27.8%)
1993	20,089(0.3%)	289,728(4.8%)	20,958(0.3%)	1,780,484(29.4%)
1994	26,840(0.4%)	364,350(5.0%)	22,571(0.3%)	1,968,430(26.9%)
1995	34,196(0.4%)	470,303(6.0%)	28,100(0.3%)	2,320,482(29.6%)

資料來源：香港金融管理局，《金融數據月報》。

且，以外幣計算的對外負債和債權，又分別佔總數的 59%
和 65%。

1995 年底，亞洲太平洋區分別佔港元對外負債與債權
的 74% 和 70%，以及外幣對外負債和債權的 53% 和 85%。

　　上述數據有力地證明了香港是真正的國際銀行中心和國際金融中心，而且又是亞洲太平洋區的主要國際金融中心。

　　許多經濟學家認為，金融服務在國際貿易中的重要性是國際金融中心或金融轉口埠的一個特徵。[16] 在這方面，香港的表現也是十分出色的。如表 4.20 所示，在 1983 至 1994 年期間，金融服務的國際貿易總值，從 43 億港元左右猛增 7 倍至 304 億港元。而且，在金融服務方面，香港一貫享有出超。在同期間，香港在金融服務的出超，從 9.5 億港元增加 8 倍至 88 億港元。

　　香港經濟實質部門和金融部門的成長率，也可用來評估一個都市是國際金融中心或本國金融中心。一般而論，國際金融中心的特質，是它的金融部門成長率，由於國際參與之故，較實質部門的成長率為高。

　　表 4.21 根據慣例，以本地生產總值 (GDP) 的成長率代表實質部門的成長率。就金融部門而論，我們採用 11 個變數，其中 7 個變數是銀行變數。在盡可能範圍內，我們將時期標準化，即一般採用 1961-94 年。但不幸地，有些變數的時期序列因資料缺乏，不能從 1961 年開始。如表所示，所有的金融變數 (外匯市場除外)，其成長率均高於 GDP。有些變數的成長率差額，例如銀行體系的資產負債、存款總

表 4.20　金融服務的出口和進口

(百萬港元)

	1983	1984	1985	1986	1987	1988	1989	1990	1991	1992	1993	1994 *
出口：												
保險	749	893	889	778	1,172	1,032	1,104	1,319	1,478	2,327	3,475	3,400
金融服務	1,876	2,526	2,877	4,316	5,097	5,359	6,590	6,104	7,665	9,231	14,666	16,214
小計	2,625	3,419	3,766	5,094	6,269	6,391	7,694	7,423	9,143	11,558	18,141	19,614
進口：												
保險	823	1,147	1,293	1,328	1,580	1,606	1,813	2,418	2,669	3,582	3,275	4,866
金融服務	848	1,111	1,354	2,077	2,253	2,378	2,679	2,335	2,853	3,237	5,040	5,948
小計	1,671	2,258	2,647	3,405	3,833	3,984	4,492	4,753	5,522	6,819	8,315	10,814
貿易總額	4,296	5,677	6,413	8,499	10,102	10,375	12,186	12,176	14,665	18,377	26,456	30,428
出超	954	1,161	1,119	1,689	2,436	2,407	3,202	2,670	3,621	4,739	9,826	8,800

＊暫計。

註："保險" 包括直接保險與重保險。

　　　"金融服務" 包括銀行、金融資產及証券買賣與服務。

資料來源：港府統計署 Estimates of Gross Domestic Product 1961 to 1995, March 1996。

表 4.21 實質與金融部門成長率

變數	時期	每年平均名義成長率
實質部門		
本地生產總值 (GDP)	1961-94	16.0%
金融部門		
銀行:		
銀行體系資產負債表	1961-94	23.8%
存款總額	1961-94	21.2%
港元存款	1980-94	16.3%
外幣存款	1980-94	33.6%
放款墊款總額	1961-94	24.5%
海外放款墊款	1978-94	28.2%
結算所成交額	1961-94	18.0%
股票市場:		
每年成交額	1961-94	24.8%
外匯市場:		
每年成交額	1989-95	10.8%
金融服務的貿易:		
出口	1980-93	16.8%
進口	1980-93	17.2%

資料來源：港府統計署，*Hong Kong Statistics 1947-1967*; Census and Statistics Department, *Estimates of Gross Domestic Product 1961 to 1995; Hong Kong Monthly Digest of Statistics*。

額、外幣存款、海外放款墊款、股票市場成交額等，尤為顯著。但外匯市場成長率較低，則出人意料。外匯市場的數據從 1989 年才開始蒐集，因此時間序列較短，其長期趨勢未能確定。但外匯市場成長率較低，表明香港不能因目前的成就而自滿。

4.4　其他尺度

必須強調，國際金融中心不能在真空狀態中存在。為能長期生存起見，一個國際金融中心須能扮演其他相輔的角色。香港在演變為國際金融中心的過程中，同時又成為一主要的國際商業中心。從 1990 年開始，港府工業署每年舉行一次海外公司在港設立區域總部的調查。據最近 1995 年的報告，所謂"區域總部"，是"控制某一地區一個以上的分行或附屬公司，無須經常向母公司總部請示"的機構。表 4.22 提供了 1990-95 年間在港設立區域總部的跨國公司數目。

如表所示，在港設立區域總部的跨國企業數目，在 90 年代逐漸由 581 家增至 793 家。當然，來源國發生不少變化。例如，美國公司從 252 減至198，即減少 21.4%，但美國仍是最大的來源國。日本公司則猛增 5 倍至 116。令人驚奇的是，即使主權即將易手，英國公司仍從 77 增至 94，

69

即增加 22%。其他主要國家，如中國和德國的公司亦有增加趨勢。所謂"區域"，當然指整個亞洲太平洋區內的不同地區。表 4.23 簡述了 1995 年調查報告中的地理分布。

表 4.22　香港作為母公司的區域總部

來源國	1990	1991	1992	1993	1994	1995
美國	252	258	206	182	178	198
日本	20	44	74	88	91	116
英國	77	75	73	81	91	94
中國	—	—	—	67	62	71
德國	13	30	28	26	35	33
法國	29	25	25	21	26	28
荷蘭	31	31	24	26	22	28
瑞士	34	31	33	25	34	23
台灣	—	—	—	—	14	22
百慕達						17
韓國	—	—	—	—	—	16
加拿大	—	—	10	14	—	—
澳洲	11	9	9	—	14	—
意大利	14	11	10	—	—	—
瑞典	16	14	—	1	13	—
丹麥	14	8	—	—	—	—
賴比瑞亞	—	—	8	—	—	—
其他	70	70	96	88	137	147
總計	581	606	596	619	717	793

資料來源：工業署，*Report on the Survey of Regional Representation by Overseas Companies in Hong Kong*，1990-95。

表 4.23　區域總部的負責範圍

負責範圍	公司數目
(a) 香港和中國	269 (34.4%)
(b) 東南亞（中國除外）	62　(7.9%)
(c) 東南亞（包括中國）	187 (23.9%)
(d) 東亞	87 (11.1%)
(e) 亞洲太平洋	177 (22.6%)
總計	782　(100%)

範圍：東南亞（中國除外）指香港、台灣、菲律賓、印尼、泰
　　　國、馬來西亞、新加坡、越南；東亞指東南亞（包括中
　　　國），加上日本和韓國；亞洲太平洋指東亞加上澳洲和
　　　紐西蘭。

註：1. 括弧內數字指區域總部總數的百分比。
　　2. 由於四捨五入之故，總數未必等於100。
資料來源：工業署，*Report on the 1995 Survey of Regional
　　　　　Representation by Overseas Companies in Hong
　　　　　Kong*。

　　跨國公司集中於香港，可以說是跨國銀行及其他金融
機構集中於香港的鏡象。1995 年的報告亦指出，793 家跨
國公司中，有 109 家，即 13.7%，從事銀行、金融和保險
業務。和金融機構一樣，九七的來臨對跨國公司在港經營的
興趣，並無影響。

　　除了商業中心外，香港當然又是舉世聞名的海港、航

運中心和旅遊中心。即使在激烈競爭的環境下，香港在世界主要出口國家或地區的排名，從 1990 年的第十一位上升至第八位。[17] 1992-95 年間，香港連續四年為全球最大的集裝箱港，1995 年的載量為 1,260 萬標準箱單位。[18] 香港也是亞太區最受歡迎的旅遊目的地，1995 年來港旅客人數首次破 1,000 萬大關。[19] 總之，國際商業、貿易、航運和旅遊等行業是銀行金融業的基本收入來源，其重要性實不言而喻。關於外資銀行的實證模型，請見附錄。

4.5 香港作為國際金融中心的總評

根據以上種種數據，我們應如何評估香港作為國際金融中心的現況？我們認為，"亞太區排名" 應與 "世界排名" 分開。表 4.24 總結香港兩種不同的排名。

第一點值得注意的是，香港的銀行業極為發達，排名亦高，但如將其他金融市場一併考慮後，香港的名次即較遜色。第二，就亞太區而論，香港是第二大國際金融中心，落後於東京，但領先於新加坡（第 7 章將再評述香港與新加坡的優劣）。至於世界排名而論，香港大概是第四大國際銀行中心。但如前所述，國際銀行中心不等於國際金融中心。由於香港在其他金融市場表現較差，影響其在全世

表 4.24 香港作為國際金融中心的評估

(1995)

尺度	亞太區排名	世界排名
銀行業		
外資銀行數目	1	2
銀行海外資產	2	4
銀行海外負債	2	5
越境銀行同業債權	2	6
越境銀行同業負債	2	4
越境對非銀行企業信貸	1	2
銀團貸款及承銷票據融資 (1994)	1	4
外匯市場		
每日淨成交量	3	5
衍生工具市場		
每日淨外匯合約成交量	3	5
每日淨利率合約成交量	4	8
每日衍生工具總成交量	3	7
股票市場		
總市值	2	9
成交量	4	11
本地公司上市數目	7	16
黃金市場	1	4
保險業		
註冊保險公司	1	不詳
保費	5	27
合格精算師	1	不詳
基金管理	2	不詳

界的排名。即使如此，香港仍是全世界第六或第七大金融中心。

必須指出，表 4.5 至表 4.15 的數據，都是根據"國家"而非"都市"而編製的。但有些國家可以擁有一個以上的金融中心。例如，美國有四個金融中心（紐約、芝加哥、洛杉磯和舊金山）；日本有兩個（東京和大阪）；瑞士有兩個（蘇黎世和日內瓦）等等。顯而易見，這種分類法對香港和新加坡是不利的。香港和新加坡作為國際中心與各大國相比，仍能出人頭地，已是十分難得的了。

和筆者一樣，香港的一位經濟學家許宏量博士不贊成香港是全球第三大國際金融中心的說法。他認為香港的名次應不低於第九，不高於第五，[20] 但他並未提供香港在亞太區的排名。他的論文發表後，新的數據相繼出現，因此重新評估的時機已來臨。表 4.24 的排名，即使仍未能涵蓋所有資料，也已經是最全面和最及時的評估了。它至少可為一困惑經濟學家多年的問題，提供一初步答案。

註釋

① 這 9 個變數是：（一）總部設於該中心的大型國際間活躍的商業銀行的數目；（二）該中心與其他外國金融中心的直接聯繫，以該中心在國際間活躍的銀行數目為代表；（三）該中心的私營銀行（包括投資與商人銀行）數目；（四）外國國際活躍商業銀行設於該中心的分行（不計代表辦事處）；（五）該中心與外國金融中心的直接聯繫，以外國的國際間活躍銀行為代表；（六）該中心的海外金融資產總值；（七）該中心的海外金融負債總值；（八）該中心與外國金融中心的直接聯繫，以外國國際活躍銀行的分行、代表辦事處和附屬機構為代表；（九）大型國際間活躍商業銀行在該中心設有代表辦事處、分行或附屬機構的數目。見 Reed（1981）。

② 見 Reed（1983）。

③ 見 Jones（1992b）。

④ 至 80 年代末期時，全世界 10 間最大商業銀行中，竟有 6 間是日本銀行。見各年英國 *The Banker* 月刊的"The Top 1,000"。1990 年日本"泡沫經濟"崩潰後，日本銀行陷入壞賬危機中，至今尚未解決。但由於日圓不斷升值，日本銀行在全球銀行的排名並未受太大影響。

⑤ 見 King（1988）；Jones（1992b）。

⑥ 日軍經過 3 個月激戰後，於 1937 年 11 月佔領上海（公共租界和法租界除外）。1941 年底珍珠港事變，日本發動太平洋戰事後，又

先後佔領上海租界、香港及新加坡。

⑦ 見 Jao（1974, 1979）。

⑧ 見 Hodjera（1978）；Bryant（1989）。

⑨ 1979-80年，港府再次暫停頒發銀行牌照，以檢討現行政策。關於三級制詳情，請閱饒餘慶（1993），第 11 章。

⑩ 見 Kindleberger（1974）。

⑪ 見 Valentine（1983）；饒餘慶（1993, 230-5 頁）；Sitt（1995）。

⑫ 見 Valentine（1983）。

⑬ 見 Mak（1993）。

⑭ 見 World Bank（1995），第 1 頁。

⑮ 見 Report of the Securities Review Committee（1988）。

⑯ 見 Arndt（1988）；Grubel（1986）。

⑰ 見港府統計處，《1995 年香港對外貿易回顧》，第 125 頁。

⑱ 見《1996 至 1997 財政年度政府財政預算案：支援及推廣服務行業》，第 40 頁。

⑲ 同上，第 53 頁。

⑳ 見 Hui（1992）。

香港成功的要素

5.1　內部要素

5.2　外部要素

第 5 章

香港成功的要素

在上章中，我們詳述了香港作為國際金融中心的演變和現況。根據種種指標，我們的結論是：香港是亞洲太平洋區的第二大國際金融中心，全世界第四大國際銀行中心，和全世界第六或第七大國際金融中心。香港雖非有些人所說的第三大國際金融中心，但毫無疑問是全球主要國際金融中心之一。香港不能和全球性的金融中心如倫敦、紐約和東京相比，但香港至少和其他第二級的重要金融中心如法蘭克福、巴黎、蘇黎世、新加坡等齊名。這本身便是一相當大的成就。

在本章中，我們將分析香港迄今為止成功的要素。本章的宗旨並不僅僅在於了解過去，而且也在為現在和未來的發展揭示途徑，以利繼續維持和促進香港的國際金融中心地位。

為了便利分析，我們可將香港成功的要素分為以下兩大類：內部要素和外部要素。所謂內部要素，是指與香港本身的發展息息相關，而且香港能在相當程度上予以控制或影響的要素。而外部要素則指香港所須面對的現成外部環境，對香港來說是"既定資料"，或香港所無法控制或影響的因素。[1]

下面我們首先探討內部要素。

5.1 內部要素

5.1.1 政治與社會安定

除了 1967 年中的一短時期外（當時中國的 "文化大革命" 蔓延至香港，釀成暴動），香港一般而論享有高度的政治和社會安定。1982 年中國宣布將在 1997 年收回香港主權後，由於前景不明，1982 至 1984 年間信心危機特別嚴重。但信心問題主要表現在移民、資金人才外流和資產轉移方面，並未造成政治和社會動亂。

香港人口中有一半以上是來自中國大陸的第一代或第二代移民。在這共同背景下，香港社會的凝聚力是比較強的，因為多數港人都了解，政治與社會動亂只會導致香港的全面崩潰。自 1949 年中華人民共和國成立以來，中國政府的一貫政策是維持香港的安定。"文革" 只是一極端和暫時的偏差，並非一既定國策。

另一方面，英國的統治提供了保證和尊重個人自由和其他人權的制度架構。在此一環境下，多數港人自然致力經濟、職業和文化各方面的非政治活動。因此，自 1945 年來，即使經歷了許多外來衝擊，香港大致上仍能維持高度的政治社會安定。

　　1992 年來，中英關於香港政制的爭拗和香港政黨的興起，基本上也未影響香港的安定。各種不同意識形態和政見的政黨和團體，仍能在法治環境下和平共存。

5.1.2　經濟自由

　　香港的經濟成功建基於自由企業制度上。契約自由和私有財產構成香港社會的基礎。港府的經濟政策指導原則是"積極不干預"。此一政策的含義是：除了治安和監管外，除非市場功能發生故障，否則政府對經濟活動不作任何干預。

　　香港政府對本地企業和外資企業不作人為的區別，兩者都受歡迎。香港並無最低工資政策，私營部門的工資全由競爭性的市場力量決定。港府對製造業或任何其他工業不作任何直接津貼，但在提供現代化基建設施、工商業諮詢服務和職業訓練方面，卻一向不遺餘力。

　　香港自 1841 年起即係一自由港。除了反販毒和反走私條例外，商品的進出口並無繁冗的報關手續。除國際協議下的關於紡織品和戰略物資的許可證外，任何商品都毋須辦理許可證手續。

　　經濟自由一極重要的組成部分是匯兌與資金出入的自由。香港完全沒有任何形式的外匯管制或對資金移動的限制。任何本地或外資公司或機構，均可自由地轉移其資本或盈利。港幣也是一可完全自由與任何外幣相互兌換，不受任何限制的貨幣。根據聯繫匯率制，港幣發行須有十足的美元準備。此一制度保證了港元的可兌性。

最近，美國兩大著名研究機構，傳統基金會（Heritage Foundation）和弗雷薩研究所（Fraser Institute），在其所編製的經濟自由指數報告中，均將香港列在全世界排名第一。②

5.1.3　法治精神與健全法制

香港的司法機關獨立於行政與立法機關之外。香港的法律制度以英國的普通法和衡平法為基礎。香港法律有兩大來源，即立法和判例法。判例法根據香港、英國和其他普通法國家的法庭判例。

在英國統治下，司法獨立的傳統和法治精神在香港紮根。人權和產權完全受到法律保護和尊重，不受當權政府的任意干預。在法律之前，人人（不論其出身或背景）平等。

5.1.4　有效率和負責任的政府

香港政府基本上由公務員操作。港府雖並非由民主方式選出，但仍尊重民意，並通過立法局向市民負責。廉政公署自 1975 年成立以來，在肅貪工作方面獲得頗大成就。目

前，政府部門的貪污問題基本上已受控制。申訴專員公署於
1989 年成立，是一獨立機構，負責調查市民對政府的行政
決定和失職行為的申訴。多年以來，政府政策、條例和決定
的透明性也不斷進步。就金融範圍而論，最顯著的實例是在
經濟學界和金融界人士的不斷要求下，港府在經過 53 年的
守秘後，終於在 1993 年公開披露外匯基金 —— 香港外匯
與財政儲備的總匯 —— 的資產與負債表及收支概況。外匯
基金的財務狀況最初每年公布一次，後改為每季一次。

5.1.5　"國民待遇"紀錄

（83）

　　"國民待遇"概念是"非歧視原則"的一部分。此一原則
是 1947 年關稅與貿易總協定（GATT）的基石之一。根據
該總協定第一和第三"最優惠國家"條款規定，所有不同來
源的進口貨物須受同一關稅待遇；"國民待遇"條款則規
定，外國貨物一旦進口後，其所受稅務或行政上的待遇須
與本國貨物相等。此一概念後來亦擴展至直接投資和金融
領域。③

　　筆者在一著作中，曾指出 1986 年，香港是亞洲太平洋
區"國民待遇"最優的金融中心。美國財政部關於"國民待
遇"的報告，完全證實了這點。④

　　美國財政部於 1994 年發表的報告，對 33 個國家或地

區(其中包括一些國際金融中心的東道國)提出批評,認為
它們對外國銀行和金融機構,未能提供充分的"國民待
遇",但對香港則毫無微言。該報告説:"美國金融機構一
般地對港府的公平和透明度表示欣賞。它們認為香港在競爭
機會方面並不採取任何歧視。本地與外資機構均在平等的法
律和監管基礎上經營"(第 267 頁)。

　　香港具有最優的"國民待遇紀錄"這一事實,也與我們
關於香港是"一體化的金融中心"的説法,相互印證。一間
外資銀行或金融機構一旦獲准營業後,即可從事任何境內或
境外,港幣或外幣的業務。香港對外資收購任何香港企業的
股權,亦無限制,惟一的限制是 1978 年 3 月後獲頒牌照
的銀行,只能開設一間分行。但如前所述,外資銀行對這一
限制並無異議。⑤

5.1.6　利民的税制

　　香港雖非避税樂園,但其税率即使在第二次大戰後逐
步提高,在國際上仍是偏低的。目前的標準税率是 15%,
公司利得税率則附加 1.5 個百分點,即税率為 16.5%。另
一有吸引力的特點是税制簡單,特別是"領土來源"原則豁
免源自海外的所得或盈利。對專門從事離岸或轉口業務的金
融機構來説,這點特別重要。⑥

　　香港並無綜合性所得稅。香港所採取的是分類稅制，即不同來源的所得，如薪資、利潤等等，分別徵稅。香港稅制中雖有一"個人評稅法"，將所有收入綜合報稅，但此一方法由納稅人自由選擇。顯然，只有當這報稅法的實際課稅較低時(因為此法能享有個人及家庭免稅額)，納稅人才會選擇。香港亦無股息稅、利息稅、資本增值稅和商品增值稅。

　　香港之能維持此一對工作及企業精神均極有利的稅制，其主因是港府一貫採取穩健的財政政策之故。對香港來說，財政赤字是例外而非慣例。近年來，在社會要求和壓力下，港府的財政支出雖大幅上升，但其佔本地生產總值(GDP)的百分比始終控制在 18% 左右，較絕大多數其他國家為低。香港享有巨大的財政儲備，在現代國家中也極為罕見。

5.1.7　低監管成本

　　香港三級銀行制下的認可機構，毋須為其港幣或外幣存款維持無息現金準備，雖然它們須維持 25% 的流動資產準備，但這些資產可包括有息資產在內。香港亦無存款保險或保障制，因此認可機構亦毋須繳納保費。

　　1935 年港府成立的外匯基金(現由金融管理局負責管

理)，為認可機構提供流動資金調節機制（Liquidity Adjustment Facility，簡稱 LAF ）。如所周知，強制性的無息準備金和存款保險費普遍被金融機構視作歧視性的徵稅。

其他許多金融中心為吸引外資機構起見，豁免存款準備金和保險費，但這豁免只適用於境外或離岸中心。香港則不同。作為一體化中心，香港無論對境內境外金融中心都豁免存款準備金和保險費。自 80 年代銀行危機以來，港府大力整頓監管制度，務求遵守國際結算銀行（BIS）所規定的國際標準。但另一方面，港府亦經常諮詢金融業，盡可能減少無謂的繁文縟節和減輕金融機構的負擔。

5.1.8 現代化的基礎設施

任何國際金融中心，如無一有效率的和現代化的基礎設施，都無法久存。香港具有一流的基礎設施，而且能隨經濟發展而不斷改善。地下鐵路、赤鱲角新機場、港口及鐵路發展計劃，以及電訊設備的不斷現代化都是明證。

自 1992 年來，香港連續四年為全球最繁忙的集裝箱貨運港。1995 年，香港裝運了 1,200 萬集裝箱單位（TEUs）。香港國際機場是全世界第三的最繁忙機場。

對一個國際金融中心來說，一高度現代化和先進的電訊系統特別重要。在這方面，香港可說是最先進的經濟體之一。香港的圖文傳真線數量僅次於美國和日本，位列世界第三。香港每人使用直通國際電話服務量位列世界第一。[7]

　　如表 5.1 所示，香港在電訊設備的使用上也在全球名列前茅。

表 5.1　電訊設備的使用

（每百人計）

	香港	日本	新加坡	美國
電話線	52.7	50.0	50.0	57.0
流動電話	10.8	5.6	10.8	12.0
無線電傳呼機	20.0	7.2	31.6	10.5

資料來源：1996-1997 財政預算案附件第 50 頁。

　　金融業本身的基礎設施亦不斷革新。香港金融管理局與香港銀行公會合作，致力實施即時結算制，以減少支付過程中的風險和不必要的文件結算。金管局亦於 1990 年開始設立一債務工具中央結算系統服務（CMU）。這是一結算和保管債券工具的中央電腦結算系統，其服務已擴展至私營部門。1994 年底，該系統與海外結算中心如 Euroclear 和 Cedel 建立正式聯繫。

5.1.9　信息自由

　　一個國際金融中心，必須容許信息和資訊的自由流通

87

和傳播，因為許多金融業務和活動需要在即時的基礎上，作一決策。香港不但具有信息傳遞的種種"硬件"，如陸上及海底電纜、衛星及無線電網絡等等。更重要的是，香港是全世界新聞和資訊最自由的地區之一，各種形式的傳媒，應有盡有。新聞自由和資訊公開是港府的既定政策。除了對淫穢刊物和電影外，香港並無新聞檢查制度。

5.1.10 有技能的人力資源

香港具有勤勞的、有紀律的和易於訓練的勞動力。香港教育制度隨着經濟發展而獲得相當進展，根據法例，所有 6 歲至 15 歲兒童，必須接受全日制教育或完成中三課程。過去，香港高等教育較為落後，1984-85 學年，17 至 20 歲青年接受大專教育者佔總數不及 5%。至 1994-95 學年時，這比例已升至 18%。政府資助的大專院校包括六所大學、一間文理學院、一間公開進修學院、幾間教育學院和科技學院。此外尚有私辦的專上學院和職訓機構，如職業訓練局、香港管理專業協會、香港銀行學會、香港生產力促進局等等，提供各種不同的高等教育與職訓課程。大致而論，香港的教育與職訓機構已能應付經濟發展對人才的需求，但仍有尚待改進之處。香港不少學生負笈海外。1995 年留學英、美、加、澳四國的人數便達 13,348 人。[8]返港留學生一向是香港人才的重要來源。

香港成為國際金融中心初期的另一重要人才來源，是外籍專家。港府對外籍專家採取靈活適宜的入境政策。港府一向歡迎能真正引進資本和技能的外籍企業家與工商人士。對有資歷的外籍專業人士、技術人員、管理人員也盡量簡化入境手續。1994年，有資歷和技能的外籍人士獲准入境者便有 19,030 人。[9] 1994 年，港府開始實行自中國輸入 1,000 名專業人士及專才的計劃。

香港的良好勞資關係，也是舉世聞名的。據勞工處資料，1990 至 1994 年，平均每年因勞資糾紛而喪失的工作日，為每千名工人 1.87 日，是全世界最低的紀錄之一。[10]

5.1.11 英語的使用

由於英語毫無疑問是銀行、金融、貿易、投資和科技各方面最通用的國際語言，因此英語的使用，也是香港成為國際金融中心的要素之一。香港銀行同業間業務全用英文。與外國銀行往來、外匯交易、銀團貸款和其他國際銀行服務也幾乎全用英文。香港法制根據英國法律，因此英語的使用也是司法制度運行的必要條件。根據《基本法》，英文在九七回歸後仍是一正式語文。

最初，英語的使用當然是英國統治的結果。但現在，

89

英語已不再被視為殖民地的象徵，反而被公認為是香港在一競爭激烈的世界中生存發展的實際工具。新加坡在獨立後，繼續強調英文的地位，便是明證。

近年來，一些外資機構不斷埋怨香港英語水準的下降，港府及香港教育機構已認識到這一問題。我們以後再予論述。

5.2 外部要素

5.2.1 地理位置與時區

香港位於亞洲太平洋區的中心，與世界各地四通八達。香港又是中國的門戶。對企圖進入龐大中國市場的跨國金融或非金融機構來說，香港都是一自然的基地。在時區方面，香港亦能彌補北美洲與歐洲間的空檔，使全球廿四小時金融市場交易成為可能。

5.2.2 中國因素

中國自 1979 年開始經濟改革和開放政策以來，中港貿易發展之速，令人驚異。1979 年，中港貿易總值為 164 億港元，但香港對大陸幾無港產出口可言。至 1995 年底，中

港貿易總值增加 60 倍至 9,871 億港元。港產出口至中國的
總值亦達 636 億港元。中國成為香港的最大貿易夥伴。

　　自 1979 年以來，中港互相在對方大量投資。據中方透
露，1994 年底，中國在香港投資累積總額已達 425 億美
元。香港在中國的投資總額則達 646 億美元。⑪

　　在銀行和金融領域方面，中國在港擁有15間持牌銀
行，2 間有限制牌照銀行，15 間接受存款公司和 4 間保險
公司。1995 年底，中資銀行佔港元存款總額的 28.2%。中
國銀行駐港分行於 1994 年成為第三間發鈔銀行。中國之積
極參與香港經濟活動，無疑是推動香港成為國際金融中心的
要素之一。

　　自 80 年代中以來，台灣逐漸放寬與大陸的經貿關係。
兩岸經香港進行的經貿交流迅速發展。台灣目前在香港有 4
間持牌銀行。由於香港在政治上保持中立，國民待遇紀錄又
十分卓越，因此香港可説是來自兩岸的銀行和金融機構都能
和平共存，在公平基礎上競爭，不受任何政治干擾和保護主
義限制的惟一的華人都市。

　　"中國因素"因此應廣義地詮釋，兩岸關係及其對香港
影響亦應包括在內。然而，"中國因素"固然對香港有極大
的正面效應，但不幸亦有其負面效應。十年文革動亂、
1982-83 年信心危機、1989 年六四事件和 1995-96 年台峽

危機只是最顯著的例證而已。

5.2.3 亞太區的蓬勃經濟成長

　　過去 30 年來，亞太區成為全球最有朝氣的成長中心。亞太區成員包括一個超級經濟體——日本和著名的"四小龍"：香港、新加坡、台灣和韓國。1992-95 年間，中國經濟每年平均實質成長率高達 12%，震驚世界。馬來西亞、泰國和廣東省近年來成長迅速，獲得"新小龍"的稱號。雖然亞太區內不同國家和地區的表現參差不一，但香港在地理上與最蓬勃的經濟體那麼接近，無疑是香港能成為國際金融中心的要素之一。

5.2.4 銀行金融的全球化

　　銀行金融的全球化，可溯至本世紀初，但促成全球化的最大因素，是 50 年代末自由匯兌恢復後，歐洲貨幣市場的崛興。60 年代末，該市場又延伸至亞洲時區，兩者合流成為一龐大的，不受管制的外幣存放市場。在這市場的帶動下，跨國銀行和其他金融機構紛紛在海外拓展。據國際結算銀行 1995 年的年報，1994 年底，此一國際市場的規模已達 58,300 億美元。美資銀行在這擴展過程中扮演領先的角色，歐資及日資銀行則緊隨其後。

　　據學者研究，自 1964 年以來，國際銀行業的成長，一貫地高於經濟活動和國際貿易的成長。[⑫] 80 年代以後，雖有美國和日本的銀行壞賬危機，但國際銀行業擴展趨勢仍有增無減。1985 年至 1994 年間，國際銀行信貸自 14,850 億美元增至 83,730 億美元，即每年平均名義成長率為 21.5%，高於全球生產總值的 8.9% 和世界貿易的 4% 平均名義成長率。[⑬]

　　作為一條件優越和具有吸引力的大都市，香港是無法不捲入這一全球化和一體化的洪流的。

　　在闡述了香港過去 30 年演變為一國際金融中心的各種內部和外部因素後，我們必須作兩點保留性的補充。第一，港府政策一般而論，對香港的成功貢獻甚大，值得讚賞，但這並不意味港府從未犯過錯誤。我們在第 9 章將再詳述此點。第二，上述種種有利因素，也並非香港所獨有。其他金融中心也享有種種有利條件。何況，有些因素，如中國因素，是有混合性效應的。因此，競爭力的問題便十分重要。我們在第 8 章將詳論這個問題。

註釋

① 本章大部分取材自拙著饒餘慶 (1988)，第一章，但已根據最新資料修正。

② 見 Johnson and Sheehy (1996)；Gwartney, Lawson and Block (1996)。傳統基金會的指數根據 10 大經濟指標：貿易政策、稅收政策、政府佔生產總值百分比、貨幣政策、資本流動與外來投資、銀行政策、工資與物價管制、產權、監管和黑市。該會在 1995-96 連續兩年將香港排名第一。弗雷薩研究所則運用 17 個指標，歸類於四大範疇內：貨幣與通貨膨脹、政府運作與管制、財政收入與歧視性稅制，和國際貿易與匯兌限制。該所在 1993-1995 連續三年將香港排名第一。

③ 見 Winters (1990)。

④ 參閱 U.S. Department of Treasury (1990, 1994)。

⑤ 1994 年 9 月底，港府修改條例，准許外資銀行除開設一間分行後，得在另一商廈設立一區域總部或內勤辦事處。

⑥ 1978 年，港府修正條例，對一銀行非經由其海外分行獲得的海外利潤徵稅，詳見 Jao (1979b)。但最近涉及某大銀行的訴訟案中，英國樞密院重新證實 "領土來源" 原則有效，參閱 Harris (1991)。稅務局對一些 "灰色地帶" 的所得來源，通常以彈性方式處理。我們在第 9 章中將再討論此點。

⑦ 1996-97 財政預算案附件第 49 頁。

⑧　香港政府新聞處《香港 1996》，附錄 30。

⑨　香港政府新聞處《香港 1996》，第 98 頁。

⑩　Report of the Commissioner of Labour 1994, p.34.

⑪　見 1995 年 11 月 18 日香港《信報》，及 Chen（1996）。

⑫　見 Bryan（1986）。

⑬　基本數據見 IMF *World Economic Outlook* 1995。

國際金融中心
的利益成本分析

6.1 利益

6.2 成本

第6章

國際金融中心的利益成本分析

一般人談到國際金融中心時，通常不自覺地認為這中心是一件"好事"，很少考慮到其對本國經濟所可能帶來的成本或不利之處。這一過分簡化的讚許，是與深入研究不符的。無論利益或成本均應公平地和客觀地予以分析。從政策擬定與實施的觀點而論，利益成本分析能幫助當局將成本或不利之處減至最低程度，所以也是十分需要的。

本章的重心是，香港的國際金融中心地位為香港經濟帶來甚麼利益和成本。

6.1　利益

在未分析國際金融中心的利益之前，我們不妨先簡述一個經濟體中金融部門與其他非金融實質部門的關係。首先，經濟思想史從亞當•斯密到馬克思有一相當根深蒂固的傳統，認為銀行與金融是一種"非生產性"部門，其理由是在金融過程中，並不產生任何真正的物品。甚至在今天，這一傳統仍繼續存在，不過形式較為精緻。根據它的說法，銀行金融是經濟的潤滑劑，但其功能亦僅此而已。現代經濟學完全摒棄此一見解。經濟學家現在區別"消費性服務"、"分配性服務"和"生產性服務"。[①] 銀行、保險和金融歸類於"生產性服務"中。現代經濟基本上是一種信用經濟。任何研究現代經濟的學者都會發覺，生產過程的每一環節，從生產到分配到最後消費，都與銀行金融有關。

經濟學家的另一辯論，是金融部門對實質部門而言，扮演"領導者"還是"追隨者"的角色。[2] 這種辯論有時淪為一種文字遊戲。長期而論，較正確的見解是：在銀行金融領域中，"供給領導"和"需求追隨"的成分往往混合為一，不易嚴格區分。就香港而言，金融部門與實質部門互相影響，互相支援，無疑是過去 50 年來，香港經濟能有卓越表現的一個重大因素。

過去關於離岸金融中心的研究，指出金融業對經濟除了增加稅收外，貢獻不大。[3] 這一結果並不令人驚異，因為離岸金融中心的原旨便是把離岸中心與本國經濟隔絕。香港則不同。正如我們在第 3 和第 4 章所解釋，香港是一體化的金融中心，因此，其國際金融中心的活動是與本地經濟活動密切相關的。我們試從就業、所得、國際收支和其他效應各方面來分析利益。

6.1.1 就業

我們早已說過香港是一功能性的金融中心，即能創造就業和所得的中心。統計數據完全支持這一論點。表 6.1 提供 1975 年來，銀行、金融與保險業的就業資料。如表所示，就業量在 20 年間增加了 3 倍以上，達到 157,870 人。
1975-95 這段時期，也是香港演變為國際金融中心的時期，
因此有理由推斷，國際金融中心的形成，為香港帶來了 11
萬個工作職位。另一值得重視的是銀行金融與保險業就業人
數佔勞動力的百分比，由 2.2% 增加 1 倍以上而達 5%。

　　表 6.1 中的狹義金融部門，當然與其他經濟部門有密
切關係。我們如集中研究與"金融"關係最密切的部門，則
最方便的方法，是選擇"金融、保險、地產及商用服務業"
的行業類別，作為廣義金融部門的代表。表 6.2 提供 1975
年至1995 年期間就業人數摘要。④

表 6.1　銀行、金融與保險業就業人數

(年底)

	1975	1980	1985	1990	1994	1995
銀行與金融	35,491	65,344	78,400	107,371	132,089	133,931
保險	3,940	6,728	9,283	18,479	21,460	23,939
合計	39,431	72,072	87,683	125,850	153,549	157,870
佔全部勞動力百分比	2.2	3.1	3.3	4.5	5.2	5.0

資料來源：Hong Kong Annual Digest of Statistics and Monthly Digest
of Statistics。

　　如表 6.2 所示，就業人數增加 5 倍至 378,244 人，佔
全部勞動力百分比則增加 3 倍以上至 12%。

表 6.2　金融、保險、地產及商用服務業就業人數

(年底)

	1975	1980	1985	1990	1994	1995
人數	65,980	116,000	180,851	276,621	369,594	378,244
佔全部勞動力百分比	3.5	5.0	6.9	10.0	12.4	12.0

資料來源：香港統計月刊。

自中國實行開放政策後，香港製造業工序逐漸北移至成本低廉的地區，特別是廣東省。香港傳統轉口埠和行銷中心地位的復興，和新興的金融與信息中心地位的崛起，促成了服務性行業的迅速擴展。無論是狹義的或廣義的金融部門，都為轉業或新入行的工人提供就業機會。

1995 年，由於經濟放緩，失業人數從 60,700 人增至 98,300 人，失業率從 2.2% 升至 3.2%，但狹義金融部門的就業仍增 3.2%，廣義的金融部門則增 2.3%。 1995 年底，狹義金融部門的職位空缺為 2,287，而廣義金融部門的職位空缺則為 7,391。[5]

6.1.2　所得

近年來，港府編製按經濟活動劃分的本地生產總值（Gross Domestic Product, 簡稱 GDP）。廣義金融部門在

1980-94 年間對 GDP 的貢獻，可見表 6.3。

　　從該表可見，金融部門創造的所得，在 1980-94 年間，從 309 億港元增加 8 倍至 2,488 億港元，但 1982-85 年間，其佔 GDP 的百分比則一度銳降至 15.6%。這無疑反映當時因信心不振所導致的地產市場崩潰和銀行危機。但

表 6.3 金融、保險、地產及商用服務業對本地生產總值（GDP）的貢獻

年度	總值（百萬港元）	佔百分比
1980	30,938	23.0
1981	39,361	23.9
1982	41,197	22.5
1983	35,563	17.6
1984	37,454	15.6
1985	40,739	16.0
1986	50,306	17.0
1987	65,707	17.9
1988	82,813	18.9
1989	97,297	19.5
1990	113,127	20.2
1991	143,296	22.7
1992	178,923	24.4
1993	214,550	25.8
1994	248,750	26.1

資料來源：港府統計處，*Estimates of Gross Domestic Product 1961 to 1995*，March 1996。

1986 年後，隨着地產市場和銀行業的復興，該百分比又上升至 26.1%。

狹義金融部門對本地生產總值的淨增值貢獻，港府統計處亦有估計。表 6.4 提供 1980 至 1993 年的資料，括弧

表 6.4 銀行、金融及保險業的淨增值

(百萬港元)

年度	銀行與金融	保險
1980	8,760 (6.5)	869 (0.6)
1981	11,487 (6.9)	1,280 (0.8)
1982	12,926 (7.1)	1,349 (0.7)
1983	13,103 (6.5)	1,527 (0.8)
1984	14,177 (5.9)	1,631 (0.7)
1985	14,278 (5.6)	2,005 (0.8)
1986	18,362 (6.2)	2,226 (0.8)
1987	23,767 (6.5)	2,827 (0.8)
1988	26,057 (5.9)	3,560 (0.8)
1989	29,781 (6.0)	4,269 (0.9)
1990	34,600 (6.2)	4,555 (0.8)
1991	54,142 (8.5)	5,418 (0.9)
1992	69,602 (9.5)	6,609 (0.9)
1993	83,272(10.0)	9,201 (1.1)

資料來源：見表 6.3。

內數字是佔總增值的百分比。

　　從表可見，銀行金融業的淨增值，在 1980-93 期間，幾增 9 倍至 832 億港元。但 1982-88 年間，佔淨增值總數的百分比則顯著下降，無疑反映當時的銀行危機。1989 年後，銀行金融業顯著恢復，其百分比逐年升至 1993 年的 10%。保險業的淨增值則同期增加 10 倍以上，相對比重也從 0.6% 升至 1.1%，並無銀行金融業的暴升暴跌情況。這一現象的主因，是 80 年代保險業並未經歷任何重大危機。

6.1.3　國際收支

　　香港迄今尚無一正式的國際收支會計制，香港現時僅有有形和無形貿易的資料。

　　第 4 章中，我們曾提及，經濟學家認為金融服務的進出口，是國際金融中心的重大標誌，該章的表 4.20 提供了 1983 至 1994 年間，香港金融服務的數據。在該時期中，香港每年均有出超，且出超總額增加 9 倍至 88 億港元。

　　因此，至少從經常賬戶的觀點而論，香港的國際金融中心地位對國際收支是有積極貢獻的。

6.1.4　其他效應

　　國際金融中心的另一利益，是在本國及外國銀行和其他金融機構群集的情況下，企業家較能獲致有利的融資條件，從而較能促進一般經濟成長。

不幸地，銀行和其他信貸機構將其"融資條件"視為"商業秘密"，不肯向研究工作者透露。但間接的證據還是有的。

80 年代初期，筆者根據匯豐銀行的內部檔案，研究該行對香港戰後工業化的貢獻。筆者發現匯豐以相當寬厚的融資條件，支援香港工業。不過，和一般意見相反，匯豐並未能獨佔銀行信貸市場。匯豐在該市場的佔有率，從 1966 年的 41% 降至 1969 年的 36%。此一現象只能以其他銀行，特別是跨國銀行（如萬國寶通銀行、渣打銀行和美國銀行）的競爭來解釋。

筆者因此作以下結論：

"匯豐銀行在信貸市場佔有率的下降，顯示香港銀行業的競爭，較意想中的激烈。任何研究該行內部檔案者都會發覺，匯豐主管當局對其競爭對手的活動，十分關注"。⑥

如果 60 年代都有這種情況的話，那麼 1978 年重新頒發銀行牌照，引致大量跨國銀行湧入後，競爭的激烈更不言而喻了。

總之，即使在先驗的基礎上，我們也有理由相信，香港演變為國際金融中心，對經濟成長有下列各種積極效應：

　　一、在大量香港和跨國銀行群集的情況下，企業家容易獲得較為有利的融資條件；

　　二、任何企業家，只要有真正可靠的工商業計劃項目，都可獲得以港幣或外幣計算的融資；

　　三、在國際間活躍的銀行，由於具有遍布全球的分支行網絡，極易在歐洲貨幣市場集資，支持香港的任何項目融資，特別是一些香港華資銀行所無法應付的大型項目（如基建）融資。

6.2　成本

　　國際金融中心的成本，不像其利益，不易定量化。這些成本通常以空泛指責的形式出現。但為客觀起見，我們也逐一討論這些指責。

6.2.1　洗錢活動

　　不少人說，成為一國際金融中心的成本，是洗錢活動大大增加。這些活動不但存在，而且有日益擴大的趨勢，是無可否認的事實。但是否一國際金融中心才會有洗錢活動，是值得商榷的。任何都市只要有一相當發達的銀行系統，那麼罪犯和其他不法之徒便會設法將之利用，從事洗錢活動。

執法機構通常有預算撥款，作為應付犯罪活動（包括洗錢在內）之用。即使我們承認一國際金融中心較易吸引洗錢活動，對整個社會而論，其所需付的成本，是應付洗錢活動的附加資源。[⑦]筆者估計，香港金融管理局和其他執法機構（包括廉政公署在內）所需的附加資源，每年大約為港幣 2,000 萬元（以 1995 年價格計）。和已如前述的金融部門所創的收入相比，這是微不足道的數字。

香港的洗錢活動是完全可以控制的問題。香港金融管理局和香港銀行公會合作成立一"聯合財富情報組"，全力檢舉可疑活動。而且，洗錢活動是一普遍現象，為任何國際金融中心所共有。在這意義上，香港的競爭力不致受影響。

6.2.2 投機性資本移動

另一流行見解是，一國際金融中心較易吸引投機性資金或"熱錢"。的確，成為一國際金融中心，非先將任何形式的外匯管制或資金移動的限制撤消不可。然而，即使沒有國際金融中心的國家（如墨西哥、印尼等）也常受貨幣投機的困擾。無論如何，貨幣投機活動往往由其他因素所引起，與國際金融中心無涉。

就香港而論，港府多年來，逐步建立了種種防禦投機的機制，如"負利率"、"會計安排"等等。[⑧]這些機制，無論對投機港元升值（如 1988 年），或投機港元貶值（如 1995 年初），均證明非常有效。注意這些機制是聯繫匯率制內涵的 "套利與競爭" 機制以外的附加措施。

即使我們接受國際金融中心較易受 "熱錢" 干擾的說法，香港的情況也未必較其他中心為壞，因為按照定義，"熱錢" 是所有金融中心都須面對的問題。

6.2.3　對貨幣與監管政策的不利影響

另外一個批評，是國際金融中心的發展，可能使貨幣政策和監管政策的執行更為困難。根據這一看法，國際金融中心的先決條件是金融自由化，但自由化可能使本國經濟更易受外來不利因素的衝擊，並使本國貨幣政策難以執行。此外，由於全部金融機構和金融市場均需當局監管，也加重了政府的負擔。

無論其他國家情況如何，就香港而論，國際金融中心使香港難以執行貨幣政策的說法，並無根據。香港經濟的開放性極高，對外貿易總值對本地生產總值的比率，在 1995 年高達 255%。⑨ 即使香港不是國際金融中心，其受外部環境的影響，仍高於任何其他國家。

自 1983 年建立聯繫匯率制以來，香港選擇了 "匯率安定" 為貨幣政策的首要目標。在此一制度下，當局確無法控制貨幣量和利率，因為兩者均須不斷自動調整，以與每 1 美元兌 7.8 港元固定匯率相符。但這制度是 1982-83 年空前的信心危機背景下所建立的，與國際金融中心無關。在下一章中，我們將簡述聯繫匯率制的利弊。

不過，國際金融中心將增加監管負擔的說法，是較言之成理的。香港金融管理局在 1993 年成立以來，行政經費的增加，可用來估計監管一個日趨複雜的金融制度的成本。

金管局雖是港府的一部分，但其僱員薪俸及行政經費由外匯基金支付，非由一般財政收入支付，因此獨立於公務員編制之外。

根據金管局年報，其行政經費由 1993 年的 1.66 億元增至 1994 年的 2.79 億元。外匯基金的盈餘，由 1993 年的 209 億港元降至 1994 年的 10.7 億港元，但這一變化反映了投資收入的驟減，並非全部反映行政經費的增加。金管局 1994 年年報說：“在創辦第一年期間，為建立專業能力起見，編制大事擴充是無法避免的。但經過初期擴展後，金管局便會進入穩定狀態中”。⑩

粗略估計，90 年代以來，每年附加監管費約為 1 億港元。外匯基金經常收入應付此一經費是綽綽有餘的。金管局成立前的附加監管費更低。1970 至 1989 年間，平均每年附加監管費約為 5,000 萬港元。

6.2.4　利益與成本的比較

　　如客觀地比較國際金融中心的利益和成本，其結論是顯然易見的：前者遠遠超過後者。具體而論，1975-1995 年間，狹義金融部門的就業增加 11 萬人，廣義的金融部門就業增加 30 萬人。1980-93 年間，狹義金融部門的所得增加 745 億港元；1980-94 年間，廣義的金融部門所得增加 2,178 億港元。1983-94 年間，金融服務的出超累積為 318 億港元，對國際收支貢獻甚大。整個經濟，尤其是企業家，也因金融制度的競爭性和高效率而受益。

　　相形之下，國際金融中心的成本，不是微不足道，便是大有商榷餘地。而且，這些成本並非香港所獨有：所有國際金融中心都須負擔這些成本。沒有任何證據顯示香港在這方面付出的代價，高於其他國際金融中心。總之，香港的競爭力不受影響。

　　值得一提的是我們的結論，和其他關於國際金融中心的利益成本大致相符。例如，一些英國學者關於倫敦作為國際金融中心的研究，也指出倫敦為英國經濟帶來巨大的淨利益。[11]

111

註釋

① 見 Wong（1996）。

② 參閱 Patrick（1966）。所謂"領導者"的角色，指金融部門主動地提供種種新穎服務和產品，帶動實質部門發展成長。"追隨者"則指金融部門被動地因應實質部門的需求，提供種種服務和產品。

③ 參閱 Johnson（1976）；McCarthy（1979）。

④ 1990 年底以前，港府統計署採用"國際標準行業分類法"，廣義金融部門當時列為第八主要行業。1991 年 3 月後，統計署採用"香港標準行業分類法"，廣義金融部門現列為第七主要行業。

⑤ 見 1996 年 5 月《香港統計月刊》。

⑥ 見 Jao（1983a），第 562 頁。

⑦ 嚴格而論，只是在充分就業的情況下，這些附加資源才是真正的成本。

⑧ 參閱 Yam（1994）。

⑨ 見香港政府出版的 *1996 Economic Prospects*, March 1996。

⑩ Hong Kong Monetary Authority Annual Report 1994, p.59。

⑪ 參閱 Davis and Latter（1989），和 Michie（1992）。

香港作為
國際金融中心的展望

第 7 章

香港作為國際金融中心的展望

　　在以前各章中，我們相當詳盡地分析了香港作為國際金融中心的演變和現況。過去的成就，無論如何卓越，都不能自動地保證光明的前途。1997 年 7 月 1 日，中國收回香港的主權後，香港能繼續維持其傑出的國際金融中心地位嗎？這顯然無論對香港、中國和全世界都是令人十分關注的問題。

　　未來是永不能完全準確地預料的。無論理論家如何詭辯，世界上並無"完全預見"這回事。我們最多只能預擬較為合理的假設，然後在這基礎上，勾畫未來的輪廓。在未預擬這些假設前，我們應先駁斥兩個極端的見解。這兩個見解在海外頗為流行，但對香港前途的了解可說是毫無幫助。

7.1　兩個極端見解

　　第一個見解是，共黨統治下的國際金融中心，是一種"語詞矛盾"（contradiction in terms）。根據此說，自從 1917 年布爾什維克黨人在俄國攫取政權以來，任何共黨統治的國家，從未出現，或容許出現，任何國際金融中心。事實上，國際金融中心的先決條件，如資金的自由移動、貨幣的自由兌換、金融機構和市場的私有制、對外資金融機構的寬容政策，都是馬克思主義教條和共黨官僚制度所不能容忍的。

直到最近為止，此一見解所根據的歷史事實是無可否認的。共黨統治下的國家，連一個像樣的金融中心也絕無僅有，遑論國際金融中心了。但世界是永遠不會停留在歷史時間的某一點的。那些堅持某一見解在任何時間空間都永遠有效的人，本身便是愚昧和偏見的奴隸。

具體而論，下列一些事實也是無可爭辯的。首先，自1979 年中國實行改革開放政策以來，中國經濟在生活水準、經濟成長、非國營化和對外開放各方面，儘管還存在許多困難和問題，仍獲得十分巨大的成就。第二，中國十分重視香港的國際金融中心地位。《中英聯合聲明》第 3 條第 7款，明確地宣稱"香港特別行政區將保持國際金融中心的地位，繼續開放外匯、黃金、證券、期貨市場，資金進出自由。港幣繼續流通，自由兌換"。1990 年 4 月公布的《基本法》，第一章總則第 5 條規定"香港特別行政區不實行社會主義制度和政策，保持原有的資本主義制度和生活方式，50年不變"。第 6 條則規定"香港特別行政區依法保護私有財產權"。第 5 章"經濟"部分，則詳細規定自主的財政制度、獨立和自由兌換的港幣、資金的自由進出、自由港地位和自由貿易、獨立的關稅制度等。第 109 條明文規定"香港特別行政區政府提供適當的經濟和法律環境，以保持香港的國際金融中心地位"。

　　香港和中國政府高級官員曾多次聲明保持香港國際金融中心的決心。香港金融管理局總裁任志剛和中國人民銀行副行長陳元，不但強調香港作為國際金融中心的法律地位，而且同意協力合作以達致共同的政策目標。①

　　第三，中國近年來致力恢復上海昔日的遠東金融中心的地位。事實上，上海近年來進展神速，有些評論者已在預測上海可能代替香港成為國際金融中心。我們在下章再詳論這個問題。

　　這些無可爭辯的事實，表明在中國主權下保持國際金融中心地位，並非一荒謬的現象。

　　第二個極端見解是中國不會容忍在其領土範圍內另一貨幣的流通。由於嚴重缺乏外匯，中國十分"垂涎"香港的巨大外匯儲備。根據此一見解，中國在收回香港主權後兩年內，便會廢除港幣，將之與人民幣合併，並接收香港的外匯儲備。因此，香港的國際金融中心地位也會崩潰。②

　　這一見解並無事實上和分析上的根據，因此也無法令人接受。首先，中國並無"垂涎"香港外匯儲備的必要。由於近年來，中國吸引外資政策十分成功，因此中國外匯儲備增加甚速，至 1996 年 3 月底，已增至 827 億美元。香港相對的數字是 598 億美元。第二，中國從未甚至暗示過港元將被廢除。事實上，陳元在一國際研討會上的論文中明文指出：

　　"《中英聯合聲明》和《基本法》的有關部分，明文規定保持香港現行的貨幣和金融制度。在'一國兩制'的政治架構下，'一國兩幣'的制度規範內地與香港的金融關係。這兩大原則也提供了發展兩者金融關係的法律基礎"。③

　　更重要的是，中國容許港元流通為可兌換的獨立貨幣，長期而論，對中國更為有利。所有嚴謹的學術研究，都顯示香港無論作為外匯來源、集資中心還是利潤中心，都對中國裨益極大。④由於港幣是可自由兌換的貨幣，而人民幣則仍是非可自由兌換的貨幣，因此取消港幣，對中國將帶來巨大的外匯損失，更不用說信譽的破產了。這種等於經濟自殺的行為，是不可想像的事。⑤

7.2　六大前提

　　我們駁斥上述兩個極端見解，並不意味我們認為香港前途便一片光明。我們完全同意，香港作為國際金融中心的展望，仍受一些不明朗因素的困擾。具體而論，我們認為香港的前途，視下列六大前提是否有效而定：

　　一、香港能平穩地從英國的殖民地過渡至中華人民共和國的特別行政區；

　　二、中國會嚴格遵守其在《中英聯合聲明》和《基本法》中的承諾，容許香港在主權易手後高度自治，不予干預；

　　三、中國將長期不渝地繼續其經濟改革和開放政策；

　　四、兩岸關係不致惡化至軍事衝突（中國大陸對台灣，中國對美國）的地步；

　　五、中國與各大工業化國家，尤其是美國，保持穩定的關係；

　　六、香港能保持使其迄今為止成功的種種要素。

　　這六大前提對香港作為國際金融中心的前途的意義，是不言而喻的，而且由於篇幅關係，我們亦無法詳述。我們只須就這六大前提的有效性逐一分析。

　　關於第一前提，多數專家都同意，由於中英關係最近一年來有所改善，香港平穩過渡九七的展望，大致是良好的。中英關於香港政制問題爭持了 3 年以後，兩國實際上同意，將政治爭執暫擱一邊，致力執行《中英聯合聲明》。過去兩年來，中英兩國已達成協議或共識的主要事項包括：新機場財務安排、跨境基建工程、軍事房地產、終審庭、1997-98 年財政預算案編製等。中英亦已協議，與香港有關的大約 200 個國際條約與協定中，約 173 個可繼續在九七後適用。兩國亦同意，關係香港競爭力至巨的 9 號集裝箱碼頭，一旦有關財團已達成協議後，即予以確認。大致而論，至少在經濟領域方面，兩主權國已不存在重大分歧。

　　九七後香港的政制，是較為複雜和爭議性的問題。中英關於港督彭定康推行的政制改革談判失敗後，中國聲明將解散目前香港的三級議會制，於主權移交後予以重組。原則上，中國重新行使主權後，確有重組政制的權力，就像英國目前在這方面有絕對權力一樣。香港現時的行政局（相當於其他國家的內閣），問題最簡單，因為其成員完全是委任的，而非民選的。將來的特區政府，根據《基本法》第 55 條，完全有權任命行政會議的成員。市政局和區域市政局的問題也不困難，中方亦曾暗示可以妥協解決。立法局的問題最難解決。原因不但是因為立法局的重要性，而且是因為該局的成員中，有幾位被中國認為是"顛覆分子"的民選議員。多數港人希望，為維持信心和一貫性起見，九五選舉產生的立法局能以"直通車"的形式繼續。但中方則堅持，由于彭定康違反中英共識，因此"直通車"不能生效。立法局須於1997年6月底結束，由一臨時立法會代替。根據《基本法》第68條，特區的立法會由選舉產生。臨時立法會雖非一理想解決辦法，但如該會具有相當的代表性，能在正式選舉前擔當過渡的角色，大概亦可為港人接受。

　　香港傳統上由非民選、效率較高的公務員所管治。真正的核心問題因此是公務員的忠誠和士氣問題。公務員願否在中國主權下繼續服務，是相當敏感和值得關注的問題。中方已注意到這問題，並已致力安撫公務員留任。自 1995 年以來，中國和香港政府高級官員，經常舉行會談，交換意見。目前的情況是，大多數公務員是願意在九七後留任的。中英亦同意，港府應與特區籌備委員會合作。因此，即使尚有許多難題尚待解決，香港平穩過渡的基礎業已奠定。

關於第二大前提，中國恪守其在《聯合聲明》和《基本法》的種種承諾的誠意，也是毋庸置疑的。原因很簡單：遵守兩大文件，是符合中國本身利益的。中國如不遵守其承諾，對香港經濟將造成莫大損害，而且以中港經濟關係之密切，中國經濟也會受慘重的打擊。另外，中國也十分關注行使主權後的公信力和聲譽。如果香港在英國統治下十分繁榮，在中國統治下沉淪不振，將使中國大失"面子"。過去 14 年來，中英談判的經驗顯示，中國對英國的態度有時雖頗為嚴峻，但中國對香港的行為，大致上是正確的。事實上，除了主權問題外，中國在其他問題方面是相當務實和靈活的。最近的例證是中國准許在 1997 年 7 月 1 日後回流的移民，保留其香港永久居民的身分。

第三大前提的有效性也是有保證的。中國的改革開放政策自實施以來，已獲得巨大的成就，也獲得人民廣泛支持。1992 年 10 月中共十四次全國代表大會，正式通過中

國將建立社會主義市場經濟體制。中共總書記江澤民也把
"一國兩制"的構想列為建設有中國特色社會主義的一重要
組成部分。改革開放仍將是後鄧時代中國經濟發展的指導原
則。中共黨內可能還有一些頑固分子，但如説他們能推翻或
否定改革開放政策，則是不可能的事。

　　第四大前提則比較麻煩。台峽危機是 1995 年 6 月，
台灣總統李登輝私人訪問美國後爆發的，至 1996 年 3 月
中旬台灣舉行總統選舉時達最高峰。當時中國在距離台灣不
遠的海面試驗火箭和舉行大規模軍事演習，美國也派遣軍艦
至台海巡弋。幸而中國軍事演習結束，美艦撤離台峽後，危
機逐漸紓緩，但台灣局勢仍存在不穩定的因素。只有一點是
肯定的：任何軍事衝突都會對中華經濟圈的三大成員，即中
國大陸、台灣和香港，帶來災難性的後果。但這是香港完全
無法影響的事。香港只能祈禱中、美、台三方都要十分克
制，避免任何形式的軍事對抗。

　　就第五大前提而言，中國和西歐及俄國並無重大的爭
執。中英爭執主要限於香港問題。如上所述，這一爭端還是
可以控制的。主要的困難是中美關係。中美關係的主要絆腳
石仍是台灣，但另外還有人權、最惠國待遇、知識產權、防
核散、貿易逆差、世界貿易組織等等障礙。幸而，1996 年
6 月，美國宣布延長最惠國待遇，中美也解決了知識產權糾

紛。7 月初，美國總統國家安全事務助理萊克訪華，獲得積極成果後，中美關係有顯著解凍跡象。

最終而論，中美兩國都應認識到，穩定的關係是對雙方都有利的。中國的現代化，如無美國市場、美國投資和美國的科技轉移，是不易實現的。美國也不能孤立或漠視一個人口最多，在未來 25 年內可能成為全世界最大經濟體的國家。美國政府主張採取"建設性接觸"的對華政策，拒絕國會有時十分情感用事的做法，是正確的。

在所有大前提中，第六大前提最易實現。事實上，目前港府也正在竭力保持第 5 章中所述的種種使香港成功的要素，並盡可能地改進。將來的特區政策，也定會繼續同一政策，因為這是和《基本法》完全符合的。

7.3　可能的前景

綜上所述，六大前提的有效性各不相同，香港也從而可能有不同的前景。由於缺乏先知之明，我們不可能詳述每一不同前景的細節。我們只能略述一些可能的前景的輪廓。

我們可以從兩個極端的前景開始。第一前景是六大前提都不能實現，換言之，其有效性均等於零。如果這是事實的話，那麼我們也無討論香港國際金融中心前途的必要。這也是本章開始時我們早已駁斥的兩種極端見解。

另一極端是六大前提非但有效，而且各有關變數表現極佳。例如，兩岸關係非但不會惡化到軍事衝突，而且反而會不斷改善至雙方和解的地步，如這是事實，則香港的前景將會十分光明。據世界銀行估計，未來 10 年，單是中國基建資金的需求即達 5,000 億美元。就整個亞太區而論，這方面的資金需求在 1994 至 2004 年內將達 8 萬億美元。④ 作為亞太區的主要金融中心，香港定將在這龐大的集資計劃中扮演一重要角色。另外，美國中央情報局最近向國會呈交的一份報告，指中國在 2020 年時，會成為全世界最大經濟體，其國內生產總值將達 20 萬億美元。如果這估計準確的話，則香港有全球最大經濟體（以 GDP 總值計，非人均 GDP 計）作為後盾，香港很可能成為全球性的金融中心。

這一前景的可能性雖不能排除，但似乎過於樂觀。李登輝以 54% 的多數票獲選為總統後，曾多次發表與大陸修好的談話，北京方面亦作謹慎回應，但雙方政治立場差距仍遠，暫無和解可能。我們最多只能希望兩岸緊張狀態能逐漸緩和，雙方能盡早展開經貿方面，特別是三通（通商、通郵、通航）的談判。

我們認為最可能的前景介乎兩個極端之間。至於其中的種種組合和變化，則由於篇幅所限，在此無法詳述。總之，一切由各有關變數的實際表現決定。

必須指出，香港崛興為一國際金融中心，是在許多國際危機和事變的背景下，如韓戰、美國與聯合國禁運、文化大革命、越戰、1967 年暴動、80 年代的信心危機等等而形成的。香港經濟已證明是在動亂和不穩定環境下，仍能維持其活力的經濟。如大陸和台灣之間爆發全面性戰爭，那對香港當然是一大災難，但香港是完全能應付"不戰不和"的局面的，正如過去半世紀以來一樣。

⑫⑤

7.4　可能出現的難關和危機

我們迄今為止的結論，是六大前提大致有效，但有效的程度並不十分理想。換言之，香港作為國際金融中心的展望雖可謹慎樂觀，但仍有若干不明朗之處。某些難關或甚至危機，仍可因意外或錯誤而發生。以下我們討論三個值得注意的問題。

7.4.1　金融危機

一個值得十分關注的問題，是隨着九七回歸的來臨，香港會否爆發一場包括貨幣危機和銀行危機的金融危機。鑑於 1982 至 1983 年間，金融危機幾使香港瀕於崩潰邊緣，此一關注是完全可以理解的。

我們經過詳盡研究的結論是，儘管香港對這問題不能掉以輕心，但 1982-83 年危機重演的可能性極小。第一，80 年代初期的危機是在香港前景不明，人心惶惶的背景下發生的。但現在，《中英聯合聲明》和《基本法》已明文規定保障香港現存的社會經濟制度、生活方式和人權。儘管對前途的疑慮未消，大多數港人已接受上述兩大文件作為香港回歸後的憲政基礎。

第二，自聯繫匯率制於 1983 年 10 月 17 日實施以來，港府一直將匯率穩定視為貨幣政策的首要目標。在這方面，港府政策是十分成功的：港元對美元的波動，從未超過 7.8 固定匯率的 2% 上下限。過去 13 年來，聯繫匯率制保護香港免受突發的外來衝擊，其中最嚴重的是 1989 年的六四事件。當然，這一匯率制亦有其缺點，但香港所面臨的問題是有否更好的選擇。所有嚴謹的研究，都顯示聯繫匯率制的優點遠遠超過其缺點。[7]

第三，香港的外匯儲備十分雄厚。如表 7.1 所示，香港的外匯儲備，無論在絕對量或人均量方面都逐年增加。事實上，1996 年 3 月底，香港的人均外匯儲備為 9,118 美元，在全球排名第二。

第四，"貨幣替代"——即經濟活動者以外幣存款代替本幣存款為儲藏手段的趨勢 —— 在浮動匯率制期間，帶來了空前的危機，但在聯繫匯率制下，卻以有秩序的方式進行，甚至沒引起多大注意。目前，外幣存款約佔存款總額的一半。"貨幣替代"已逐漸穩定下來。

表 7.1　香港的外匯儲備

期末	外匯儲備 （百萬美元）	人均外匯儲備 （美元）	外匯儲備等於 留用進口月數	外匯儲備對流 通貨幣的比率
1991	28,889	4,962	8.2	4.58
1992	35,250	5,972	8.6	4.50
1993	43,013	7,145	10.1	4.67
1994	49,277	8,014	10.0	4.92
1995	55,425	8,787	9.1	5.25
1996（3月）	58,062	9,118	10.3	5.31

資料來源：香港金融管理局，《金融數據月報》。

　　香港的外匯儲備雖極雄厚，但還是有人堅持，任何固定匯率制都無法永遠阻擋堅決的投機壓力。這是把普通固定匯率制與通貨發行局制（Currency Board System）混為一談所產生的錯覺。聯繫匯率制是通貨發行局制的一個變體。在此制下，法定通貨的發行必須有十足的外匯準備。在外匯流失的情況下，發行通貨的機構（不論其採取甚麼形式），必須收縮其發行量，從而收縮貨幣總量，推高利率，直至資金外流的情況被扭轉為止。注意這是"套利與競爭"機制和 1988

年實施的"會計安排"以外的自動調節機制。這些機制的共同操作，能保證聯繫匯率制下的匯率安定。這點已由 13 年來的歷史所充分證明。⑧

與此相反，在普通的固定匯率制下，法定通貨並無十足的外匯準備。貨幣當局在創造貨幣量方面，不受任何制約。無論如何，那些認為港幣將陷入墨西哥披索同一命運的投機者，在 1995 年 1 月的匯市風波中，因香港金融管理局的及時干預，而損失慘重。

香港過去銀行風潮頻仍，銀行體系穩定的紀錄不佳，確是事實。但香港金融管理局已從 80 年代的銀行危機和 1991 年的國商銀行 (BCCI) 事件中吸取教訓，實施一種前瞻性和預防性的銀行監管制。

舉一些實例來說，整個銀行體系的平均適當資本比率，目前為 13%，較巴塞爾委員會所建議的 8% 為高。三級制下認可機構的 25% 流動資產比率，亦已重新界定和修正。1992 年，金管局實施"流動資金調節機制"（Liquidity Adjustment Facility, 簡稱 LAF）。此制相當於其他有正式中央銀行國家的"貼現窗"，旨在為日常業務中出現現金週轉不足的銀行提供融資。自 1991 年 11 月以來，當局亦實施房地產抵押貸款額不得超過房產市價 7 成的政策。金管局對衍生工具和其他新金融產品亦發出風險管理指引。最近，金管局與香港銀行公會合作，建立即時結算制。旨在減少同業結算過程中所可能發生的種種支付風險。最後，外匯基金 —— 外匯與財政儲備的總匯 —— 的實力不斷增強。如表 7.2 所示，財政儲備從 1986 年底的 234 億港元增至 1995 年底的 1,259 億港元。香港財政實力之強，是全球罕見的。

　　從上述種種事實來看，我們可以毫不自滿地說，類似 60 年代和 80 年代銀行危機重演的可能性，是極小的。

7.4.2　主權風險

　　隨着九七回歸日的來臨，主權風險的陰影亦逐漸加深。這問題有兩方面：第一是香港本身的信用評級可能降低；第二是香港的評級可能降低至和中國的相等。中國近年來，經濟成長雖速，但國際評級機構，尤其是美國的機構，仍對中國給予較低的評分。

　　表 7.3 提供四大評級機構對香港的評分，其中兩間是美國的 (標準普爾和穆迪) ，一間是英國的 (IBCA) ，另一間是日本的 (JBRI) 。如表所示，天安門事件後，兩間美國機構都降低香港的評分。

　　表 7.4 顯示香港的評分較中國的為高。如回歸後，香港的評分與中國的相等，這對香港當然是一打擊，但並非致命的打擊。無論對目前的港府或九七後的特區政府來說，影

表 7.2 外匯基金資產負債表

（百萬港元）

期末	1986	1987	1988	1989	1990	1991	1992	1993	1994	1995
資產										
外幣資產	84,715	113,089	127,089	149,152	192,323	225,333	274,948	335,499	381,233	428,547
港元資產	3,876	5,746	5,962	9,625	3,874	10,788	12,546	12,987	24,617	32,187
總計	88,591	118,835	133,051	158,777	196,197	236,121	287,494	348,486	405,850	460,734
負債										
負債證明書	20,531	26,831	31,731	37,191	40,791	46,410	58,130	68,801	74,301	77,600
財政儲備	23,359	32,557	38,269	52,546	63,226	69,802	96,145	115,683	131,240	125,916
流通硬幣	1,441	1,470	1,890	2,012	2,003	2,299	2,559	2,604	3,372	3,597
外匯基金票據及債券	-	-	-	-	6,671	13,624	19,324	25,157	46,140	53,311
銀行系統結餘	-	-	860	978	480	500	1,480	1,385	2,208	1,762
其他負債	4,103	4,453	2,554	1,603	391	4,834	3,220	7,314	22,815	38,414
總計	49,434	65,311	75,304	94,330	113,562	137,469	180,858	220,944	280,076	300,600
累積盈餘	39,157	53,524	57,747	64,447	82,635	98,652	106,636	127,542	125,774	160,134

資料來源：香港金融管理局，《金融數據月報》。

表 7.3　近年香港的信用評級

	標準普爾	穆迪	IBCA	JBRI
1988 年 10 月	A+	A2		
1989 年 11 月		A3		
1990 年 2 月	A			
1995 年 5 月				AA
1995 年 7 月			A+	

資料來源：Kennedy（1995a,1995b）。

表 7.4　香港與中國信用評級之比較

	香 港		
	外幣長期債券	港元長期債券	短期債券
穆迪	A3	A1	優1
標準普爾	A	A+	A1
IBCA	A+	--	--
	中 國		
	外幣長期債券		短期債券
穆迪	A3		--
標準普爾	BBB		A2
IBCA	BBB+		--

資料來源：Kennedy（1995b）。

響不大，因為九七前後的香港政府都不會在國際市場大事舉債。但駐港和駐華的銀行在國際市場借款時，將付較高利息，這便會影響它們的競爭力。例如，1995 年初，中國銀行駐港分行因國際評分降級，被迫取消一筆巨達 50 億港元的債券發行。

香港政府的立場是，1997 年 7 月 1 日後，中國與香港的主權評級不應合併。用前財經事務司簡德倫的話來說，"由於經濟體制的差異，'一國兩制'應該導致'一個國家，兩種評級'的後果"。IBCA 和 JBRI 傾向接受這一方式，穆迪則拒絕接受。⑨ 標準普爾的立場則介乎兩者之間。

7.4.3 人才外流

另外一問題是人才外流。不少觀察家認為，隨着主權易手日期的逼近，這問題也將惡化。香港是一外向型經濟，向外移民是久已有之的現象。但過去 30 年來，人才外流往往因嚴重政治事件而加劇。例如，1967 年文革波及香港、1982 年中英開始香港前途談判、1989 年 6 月天安門悲劇，都觸發了大規模的移民潮。

如表 7.5 所示，外流移民估計數字，在 1980-82 年間，平均每年約 2 萬人，至 1992 年升至 6.6 萬人，其後則略為回降。

表 **7.5** 外流移民估計數字

年份	人數	年份	人數
1980	22,400	1988	45,800
1981	18,300	1989	42,000
1982	20,300	1990	62,000
1983	19,800	1991	60,000
1984	22,400	1992	66,000
1985	23,300	1993	53,000
1986	19,000	1994	62,000
1987	30,000		

資料來源：香港政府年報。

(133)

　　值得注意的是，由於同期內，人口總數還是逐年增加，因此可以推斷，外流移民大致被內流移民所抵消。而且，自 1980 年來，失業率大致有下降趨向，因此人口移動所產生的惟一嚴重問題是人才外流。

　　港府估計，1994 年外流移民的 6.2 萬人中，約有 2.1 萬人，即三分之一以上，是專業、技術、行政和管理人才。[10] 自 80 年代中期以來，港府採取三管齊下的策略，應付人才外流問題：大量增加大專院校入學人數；自外地（包括中國）輸入熟練勞工；以及鼓勵移民回流。港府估計，1984-93 年間外流移民中，至少有 12% 已經回流返港。[11]

　　市場力量也是一個控制外流移民人數的因素。自 1980

年以來，香港的失業率一向較美國、加拿大和澳洲──三個最重要的移民目的地──為低。例如，1996 年 2 月，香港的失業率為 3.1%，而澳洲、加拿大和美國的失業率則分別為 8.4%、9.6% 和 5.5%。多數移民甚難覓得工作，即使就業者也只能接受較在港時為低微的職位。[12] 因此，1995 年首三季中，香港失業率突自 2.2% 銳增至 3.6%，其中一因素即係回流移民大量增加。

限制人才外流的最後因素，當然是東道國所設的移民配額。因此，除非再發生類似天安門悲劇的震驚事件，否則人才外流失控的可能性不大。

7.5　其他挑戰

即使我們的分析顯示，六大前提大致有效，金融危機重演的可能性甚微，而主權風險和人才外流問題也可以控制，香港仍不能自滿。香港尚須面對其他現成和新興的金融中心的競爭和挑戰。這一問題我們將在下章論述。

註釋

① 參閱 Yam（1995）；Chen（1995,1996）。

② 這據說是美國著名經濟學家 Milton Friedman 的見解。見 N.Holloway, "Paradise Lost", *Far Eastern Economic Review*, Feb.23, 1995, p.55。

③ 見 Chen（1995）, p.48。

④ 參閱 Jao（1983b）；Sung（1991）。

⑤ 中國人民銀行行長戴相龍在 1996 年 6 月 20 日宣布，將在年底實現人民幣經常項目下的自由兌換，但資本項目下仍維持外匯管制。

⑥ 見 World Bank（1995a）, p.74。

⑦ 參閱 Greenwood（1984）；Jao（1990）；Sheng（1995）。

⑧ 關於這些機制的操作過程細節，請參閱 Jao（1990）和 Yam（1994）。

⑨ 穆迪因未經當事人同意，擅自公布各工商企業機構評分，以及其他不當行為，目前正受美國司法部調查。

⑩ 見 Hong Kong Government, *Hong Kong 1995*，第 445 頁。

⑪ 同書，第 446 頁。

⑫ 見 Ho et al.（1991）。

135

來自其他
金融中心的競爭

第8章

來自其他金融中心的競爭

　　正如上述各章所指出，香港雖可因其成就為傲，而且其作為國際金融中心的展望亦可謹慎樂觀，但香港亦須面對來自其他金融中心日趨激烈的競爭。香港因此絕不能自滿。

　　第 3 章已指出，香港並非一全球性中心。香港只是區域性金融中心；具體地說，它是亞洲太平洋區的一個主要金融中心。我們的注意力因之集中在該區內現存或潛在的競爭對手。在概念上，我們可區別來自兩種中心的競爭：發達中心和新興中心。

8.1　發達中心

　　在亞太區內，只有兩個發達中心是香港的真正勁敵：東京和新加坡。我們先論述這兩個中心。

　　東京被公認為三大全球性金融中心之一。[1]香港既非全球性中心，而且在近期內，亦無發展為全球性中心的計劃，因此在這意義上，東京和香港並非競爭對手。但同時，東京又是亞太區最大的金融中心。在這意義上，兩者無法不成為競爭對手。

　　筆者曾在一著作中，認為日本金融制度的外向性其實不及香港和新加坡。[2]東京之能成為全球性中心，主因是日本的經濟、銀行和金融體系都異常龐大，但外人不易進入該國的銀行與金融市場。後來，美國財政部發表的關於國民待遇的研究，也證實了此點。據 1994 年美國財政部的報告，日本的金融制度在自由化和開放方面雖略有進步，但"外資銀行在日本銀行市場中只扮演邊緣者的角色，部分由於日本的監管環境，部分也反映日本的傳統排他性商業行為"；"外資證券商繼續無法享受平等競爭的機會"；"監管制度的透明度仍然不足"。③

為應付國際間批評，日本政府於 1986 年 12 月 1 日在東京正式設立離岸銀行中心，旨在促進金融市場和日圓的國際化。當時，香港和新加坡都深恐東京的離岸中心會搶走它們的業務。事實證明這種憂慮是過於誇大的：兩者自 1986 年以來，作為國際金融中心的迅速擴展便是最佳證明。從表 8.1 可見，東京的離岸銀行中心限制最多，香港的限制最少，事實上正如我們多次指出，香港的境內境外銀行業務完全是一體化的。簡言之，東京之吸引外資銀行和其他金融機構，主因是其龐大的國內市場，但它們並不甘心局限於離岸市場中。

在第 4 章的國際比較表中，香港在多方面落後於日本。日本至少有兩大金融中心，即東京和大阪，但香港在外資銀行數目方面，超過東京；在越境對非銀行企業信貸、銀團貸款、票據發行融資、黃金市場、保險公司數目、合格精

表 8.1 離岸銀行中心的比較

	香港	新加坡	東京
離岸市場性質	與境內市場一體化	與境內市場分隔	與境內市場分隔
法定諳備率	無	豁免	豁免
利率管制	豁免	無	豁免
利息預扣稅	無	無	豁免
居民借款權利	自由	須金融管理局批准	禁止
存款保險制	無	無	豁免
外匯管制	無	無	無
貸款利息及海外收入預扣稅	非經海外機構接洽者須繳公司利得稅	10%	須繳公司利得稅、地方稅及印花稅
國際銀團貸款所得稅	無	無	須繳公司利得稅、地方稅及印花稅
海外利潤派息	自由	自由	自由

資料來源：饒餘慶 (1988)，第 160 頁。

算師人數等方面超過日本。東京的交易成本，特別是如果監管成本包括在內的話，遠較香港為高。日圓近年來的不斷升值，更加劇了這個問題。據報導，不少外資銀行已自東京遷離至香港和新加坡。④

香港還有其他長處。香港的經濟自由和國民待遇紀錄遠較東京為優。英語是正式語文，使用的範圍也較廣泛。稅務制度也對經商者較為有利。監管制度的透明度也較高。香港也較能從中國因素的正面效應受惠。

當然，香港也有許多缺點。九七的主權風險是一大問題。即使無九七問題，香港的主權風險評級也較日本為低，和東京不同，香港沒有一超級經濟強國作為後盾，而且香港在集資方面無法與東京匹敵。總之，香港尚不夠資格成為全球性金融中心。在這方面，東京的競爭，對香港來說，並非一迫切問題。

相形之下，香港和新加坡都是第二級的國際金融中心，兩者角逐亞太區第二大金融中心的地位已有 30 年的歷史。我們在第 4 章已提及新加坡如何在 1968 年自香港手中奪得亞洲美元市場。新加坡也從不掩飾在九七後取代香港的野心。⑤香港和新加坡也有許多共同點：自由港、小型開放經濟體、英屬殖民地背景、英國法律制度、英語的採用等等。因此，對香港而論，新加坡的挑戰較為迫切和直接。

表 8.2 香港與新加坡作為國際金融中心的比較

尺度	香港	新加坡
1. 國內生產總值 (GDP)(1995)	1,437 億美元	766 億美元
2. 人均收入 (1995)	23,210 美元	25,530 美元
3. 人均外匯儲備 (1995)	8,787 美元	32,222 美元
4. 每年平均實質經濟成長率 (1990-1995)	5.2%	8.3%
5. 每年平均消費物價上漲率 (1990-1995)	9.4%	2.7%
6. 經濟自由	較優	
7. 經濟腹地	中國	馬來西亞和印尼
8. 地理位置	與中國、日本、台灣、韓國較近	與東南亞較近
9. 政府對金融中心支持	從不干預漸趨積極	一向積極支持
10. 營業成本	香港房屋及樓價較高，其他大致相等	
11. 英語使用及英語水準	———	較佳
12. 國民待遇	較佳	———
13. 主權信用評級 (1995)	67 分（全球排名 26）	84 分（全球排名第 10）
14. 監管制度	兩者均相當透明，符合國際標準	
15. 稅務制度	標準稅率 15%，公司利得稅率 16.5%，海外收入不徵稅	公司利得稅 26% 離岸盈利稅 10%
16. 金融機構數目 (1995)	1,763	1,032
17. 外資銀行數目 (1995)	357	185
18. 銀行海外資產 (1995)	7,050 億美元	4,060 億美元
19. 銀行海外負債 (1995)	6,140 億美元	4,360 億美元
20. 越境銀行同業債權 (1995)	3,810 億美元	2,810 億美元
21. 越境銀行同業負債 (1995)	6,140 億美元	3,650 億美元
22. 越境對非銀行企業信貸 (1995)	3,240 億美元	1,700 億美元
23. 銀團貸款及票據發行融資 (1995)	120 億美元	23 億美元
24. 每日平均外匯成交 (1995)	900 億美元	1,050 億美元
25. 每日平均衍生工具 (1995)		
成交：外匯	560億美元	630億美元
利率	180 億美元	400 億美元
26. 股票市場 (1995)		
市場總值	3,050 億美元	2,070 億美元
成交額	1,070億美元	650 億美元
本國公司上市數目	542	297
27. 黃金市場 (1995)	較大	———
28. 債券市場 (1994)	120 億美元	450 億美元
29. 保險業 (1993)：保險公司數目	229	140
保費	42 億美元	23 億美元
30. 基金管理 (1994)		
互惠投資基金及單位信託投資基金數目	1,007	113
管理資金	566 億美元	654 億美元

資料來源：原始資料見 HKMA Monthly Bulletin of Statistics ; MAS Monthly Statistical Bulletin; Hong Kong Annual Digest of Statistics; Singapore Year book of Statistics ; IMF International Financial Statistics。

為便於比較起見，表 8.2 提供兩者作為國際金融中心
的概覽。

從表 8.2 可見，我們用 30 個尺度來評估兩大中心，
其中 1 至 8 可稱為一般經濟尺度，9 至 15 可稱為一般性金
融尺度，16 至 30 可稱為金融部門規模尺度。

以一般經濟尺度而論，香港經濟規模約為新加坡的兩
倍。無論新加坡如何雄心勃勃，它的渺小性限制了其潛力。
新加坡一份官方報告也承認這點。⑥ 但是，除了生產總值、
經濟自由和經濟腹地以外，香港在其他經濟尺度上都比不上
新加坡。尤其令人關注的是新加坡經濟在 1990-95 年期間的
表現，無論從經濟實質成長率和通脹率來看，均優於香港。
在 1996 至 2000 年期間，新加坡經濟的平均實質成長率估
計為 7%，香港的只是 5%。在地理位置方面，如以航空時
間計，兩者不分軒輊。

以一般金融尺度而論，香港只在兩個尺度上，即國民
待遇和稅務制度，領先於新加坡。新加坡在營業成本、英語
使用和主權風險方面領先於香港。另外兩個尺度，即政府對
金融中心的支持和監管制度，則兩者大致相等。

據一間著名的國際地產公司 Colliers Jardine 的估計，
1995 年第三季，香港的租金和房地產價格，除了工業建築
物和豪華住宅外，一般均較新加坡為高，詳見表 8.3。

表 8.3　香港與新加坡 1995 年第 3 季租金及房地產價格比較

(美元)

商業中心辦公室				
	每年每公尺費用		每公尺買價	
	最低	最高	最低	最高
香港	1,157	1,654	13,624	21,501
新加坡	771	952	14,735	18,135

商業中心商店				
	每年每公尺費用		每公尺買價	
	最低	最高	最低	最高
香港	3,833	13,733	52,688	62,266
新加坡	3,174	4,081	22,669	30,225

工業建築物				
	每年每公尺租金		每公尺買價	
	最低	最高	最低	最高
香港	197	247	2,088	2,645
新加坡	237	275	5,265	6,669

豪華住宅（三臥房）				
	每月費用		買價	
	最低	最高	最低	最高
香港	6,484	9,416	1,357,993	1,590,792
新加坡	5,616	6,318	1,404,001	1,544,402

資料來源：Colliers Jardine, *Asia Pacific Business Guide 1996 Edition*。

　　香港金融業各級職工的薪酬，過去較新加坡為高。但近年來，由於坡幣不斷對港幣升值，兩者薪酬的差距已幾乎完全消失。至於金融中心的一大成本，即電訊服務費，根據一間北美洲著名的電訊公司，Teleglobe 的調查，新加坡在電話、資料、電路租賃和錄影帶傳遞服務方面費用較香港為昂，但在傳呼、流動電話和電腦網絡服務方面則較香港為低。一般而論，香港電訊業的服務質素，在亞太區（日本除外）是最佳的。⑦大致而論，新加坡的營業成本略較香港為低，但差別不大。

　　近年來，香港的一些外資機構和教育機構經常埋怨英語水準的下降。就新加坡而論，這種抱怨並不常見。因此我們可以認為，新加坡在英語使用和英語水準方面，較領先於香港。

　　表 8.2 的主權信用評級，是由著名刊物《機構投資者》（Institutional Investor）所提供的，100 分為滿分。在國際投資者眼中，九七因素是對香港有負面效應的。

　　在金融部門的規模方面，香港表現較佳。香港在 11 個尺度上領先，新加坡僅在 3 個尺度上領先，但基金管理這一因素的評分卻模稜兩可。香港互惠投資基金和單位投資基金的數目較新加坡為多，但管理基金的總值卻小於新加坡。香港當局用"資產淨值"來衡量各種基金總值，而新

加坡則用"資產總值"。由此可推測，香港基金負債較多，
或平均規模較小，而新加坡當局則可能未充分考慮各種基
金的負債。⑧

　　總結而論，香港在 16 尺度上領先，新加坡則在 10 個
尺度上領先。因此，香港仍可被視為較大或較重要的國際金
融中心。但我們必須承認，香港領先的程度很微小，如九七
問題處理不善的話，新加坡可隨時超過香港。

8.2　新興中心

(147)

　　由於篇幅所限，我們只能討論三個新興的，可能成為
香港競爭對手的金融中心：上海、台北和雪梨。

　　上海在第二次世界大戰之前，即 1919-1939 這段時期，
是遠東首屈一指的金融中心。1936 年，上海有 115 間銀行，
其中有 33 間來自美國、歐洲和日本，4 間來自香港，3 間
來自馬來亞和新加坡，1 間來自菲律賓。⑨

　　日本的侵華戰爭 (1937-45)、第二次世界大戰 (1939-
45) 和國共內戰 (1946-49)，埋葬了上海的國際金融中心地
位。中華人民共和國成立後，新政府認為外資銀行和其他金
融機構都是西方帝國主義的代理人。誠然，在第二次大戰
前，集中在上海公共租界的西方國家銀行，享有治外法權。

有些銀行(如匯豐銀行)甚至可以發行鈔票。但 1935 年，當時的國民政府實行法幣改革時，已收回外資銀行的發行權。1943 年，盟邦又宣布放棄在華的治外法權。不幸，50 年代期間，中國與蘇聯結盟，又參加韓戰與聯合國對抗，因此外資銀行及其他金融機構一一被迫結束在華業務，也就無可避免了。

除此以外，新政權在"金融業是非生產性的行業"的馬克思主義教條，以及偏重重工業的斯大林經濟發展模式影響下，對金融業採取漠視，甚至敵視的態度。在這政策下，本國的銀行與其他金融機構，也在"公私合營"的形式下，變相國有化。所有金融市場如證券市場、銀行同業市場、外匯市場等，全部關閉。上海非但喪失了國際金融中心地位，而且也喪失了本國金融中心地位。用當代經濟學的術語來説，當時實施的政策是"金融壓制"(financial repression)。

中國於 1979 年開始實行開放改革政策初期，上海也受漠視。鄧小平本人便承認這點。他説：

"上海在人才、技術和管理方面都有明顯的優勢，輻射面寬。我的一個大失誤就是搞經濟特區時沒有加上上海。要不然，現在長江三角洲，整個長江流域，乃至全國改革開放的局面，都會不一樣"(《鄧小平文選》第 3 卷第 376 頁)。

1990 年開始，中國政府才再度重視上海。中國政府宣布開發上海的浦東新區,對外商及投資者實施類似經濟特區或開發區的優惠政策,浦東新區面積達 350 平方公里,其中在著名的外灘對面的陸家嘴區,指定為廣義的金融區,優待外商在金融、銀行、地產和商業服務的投資。

其他重振上海金融地位的措施也接踵而來。同年,證券交易所復業,當局又批准其他 9 個交易所,即金屬、化工、糧油、汽車、石油、建材、技術、煤炭和農資交易所。1994 年 4 月,當局在實施人民幣匯率改革後,在上海建立全國外匯交易中心。1996 年 1 月,又在上海設立全國性的銀行同業拆借市場。

中國政府的公開目標,是在 2010 年前,將上海重建為一主要的國際金融、工業和商業中心。具體而言,上海有意在 2010 年,成為與香港和新加坡並駕齊驅的國際金融中心。

過去 5 年來,上海在基建和吸引外資方面,進展奇速。單是 1994 一年間,上海便引進約 100 億美元的外商投資。90 年代,上海的每年平均實質經濟成長率為 12%,等於香港的 2 倍以上。[⑩]上海的工業和科技能力遠較香港雄厚。香港有人擔心上海有一天會超過甚或取代香港,是不無理由的。

由於全國的金融市場集中於上海,上海的本國金融中心地位是確定了的。如果中國能在和平環境中,繼續其高速成長,上海的前途也是樂觀的。上海有意恢復其昔日的光輝,其志可嘉。但必須指出,國際金融中心和本國金融中心,完全是兩回事。40 年的忽視和孤立,無可避免地影響了上海的金融地位。由於上海的金融資料還不太齊全,表 8.4只能提供滬港兩地的主要金融指標。

表 8.4 上海與香港作為金融中心的比較

尺度	年末	上海	香港
銀行存款	1994	269 億美元	2,489 億美元
銀行貸款	1994	263 億美元	4,185 億美元
金融機構數目	1994	162	1,669
外資銀行及其他金融機構	1994	118	1,292
股票市場:	1994		
上市公司數目		171	502
市價總值		50 億美元	2,673 億美元
每日平均成交量		2.2 億美元	5.9 億美元
債券市場:	1994		
每日平均成交量		7.6 億美元	29 億美元
外匯市場:	1995		
每日平均成交量		2.06 億美元	900 億美元
銀行同業市場:	1995		
每日平均成交量		0.76 億美元	152 億美元
期貨市場:	1994		
商品期貨每日平均成交量		6 億美元	不詳
金融期貨每日成交量		不詳	8.5 億美元

資料來源:上海經濟年鑑;*Hong Kong Annual Digest of Statistics*。

從表 8.4 顯然可見，上海在多數尺度上落後於香港，尤其是銀行業、外匯市場、股票市場和同業拆借市場。上海只在商品期貨市場領先。這反映上海工業基礎較為雄厚和多元化，也反映中國農產市場的龐大。相反，香港的商品期貨市場近年來一蹶不振，棉花、糖和大豆期貨先後一一停辦。黃金期貨自 1994 年以來，也實際陷入停頓狀態。只有金融期貨，即恒生指數期貨和期權，尚稱活躍，上海尚未正式開始股票指數期貨，但債券市場的交易中約 9 成其實是期貨交易。在金融中心的一些主要條件，如自由匯兌、健全法制、透明的監管制度、有利的稅務制度、國民待遇與互惠原則、先進的電訊設備等方面，上海和香港相較，還差得很遠。除非中國在這些方面能獲致巨大進展，否則很難想像上海在可預見的未來，能成為一真正的國際金融中心。

台灣在 1993 年宣布一發展為"亞太區營運中心"的龐大計劃。⑩ 所謂"營運中心"，包括六大目標：製造工業中心、海運中心、空運中心、金融中心、電訊中心和資訊中心。台灣當局雖未明言，但這計劃顯然企圖在九七後取代香港。

台灣無疑具有不少優點。作為"亞洲四小龍"的一分子，台灣有一相當完整和平衡發展的經濟結構，實力雄厚和研發能力相當不錯的工業基礎，卓越的經濟成就（高成長率和低通脹率），教育和訓練良好的勞動力，以及全球第二大外匯儲備。⑫

　　根據一官方報告，台灣在科技、人力、土地供應、產業網絡、工業生產方面領先於香港，但在經濟腹地、運輸、電訊、金融服務、法律制度、行政效率、稅制誘因、市場展銷和區域總部方面落後於香港。⑬

　　台灣在金融自由化和國際化方面，起步較中國大陸為早。台北早在 1984 年便成立離岸銀行中心（正式名稱是"國際金融業務分行"）。1996 年 2 月，這中心共有 66 間銀行參與，資產總額為 318 億美元。⑭經常項目上的外匯管制早已撤消。在資本項目上，個人匯款在 500 萬美元以下，企業匯款在 1,000 萬美元以下，均可免外匯管制，和大陸仍未對外資銀行開放人民幣業務不同，台灣已准許外資銀行自由接受新台幣存款，新台幣貸款（對任何個別借款者而言）的上限是 10 億新台幣。對外商參與證券市場的種種限制，也已逐步放寬。

　　但最近美國財政部的報告指出，即使台灣"逐漸實施自由化，但一些重大的歧視外資金融機構，使之無法與本地金融機構有效地競爭的措施，仍然存在"。⑮

　　在第 4 章內的各統計表中，台灣除了股票市場成交額外，在其他任何尺度上，均無法與香港相比。以外匯市場成

交額（公認為國際金融中心最重要的指標之一）為例，1995
年，台北外匯市場每日平均成交額僅為 40 億美元，而香港
的則是 900 億美元。因此，除非台灣能撤消所有對資本移
動的限制，並對外資金融機構實施充分國民待遇，否則台北
也很難成為亞太區一令人重視的國際金融中心。

　　雪梨在主權信用評級和英語使用方面領先於香港。但
除了這兩項顯然的長處外，雪梨也無法與香港相比。在第 4
章的各表中，澳洲雖擁有兩個金融中心（雪梨和墨爾本），
但仍在各尺度上落後於香港（股票市場、上市公司數和利率
衍生工具成交額除外）。自 80 年代以來，澳洲也將其銀行
業自由化，容許外資銀行成立分行和附屬公司，但其銀行業
開放程度仍不及香港，稅制亦不及香港的有吸引力。而且，
雪梨的地理位置不及香港的便利。例如，據統計，三大城市
至其他亞太區九大城市的平均飛行時間是：香港，3.6 小
時；新加坡，4.2 小時；雪梨，9.1 小時。[16] 因此，雪梨在
可預見的未來，仍只是澳大利西亞（Australasia），而非亞太
區的金融中心。

8.3　競爭或相輔？

　　大部分關於金融中心競爭的討論，均有一隱含的假

設，即某一中心之得，必是另一中心之失。其實，這假設的有效性是大成問題的。我們可用許多歷史實例來證明，金融中心的競爭並非一零和遊戲。我們早已指出，新加坡奪得亞洲美元市場，並未導致香港的衰落；東京的離岸金融中心，亦未搶走香港和新加坡的業務。另外一在 70 年代初期相當流行的見解是，一旦中國向外開放後，香港經濟便註定沒落。事實剛剛相反。中國的改革開放政策促成了香港傳統轉口埠地位的復興。

國際金融和國際貿易一樣，有"貿易轉向效應"（trade diversion effect），即業務被競爭對手奪去，和"貿易開關效應"（trade creation effect），即市場擴大後創造了新機會。只要亞太區不發生災難性的戰爭或政治動盪，只要亞太區大體上能維持不錯的實質成長，則本章所討論的六大中心並無不可共存共榮之理。在不同金融中心的發展過程中，既有相互競爭的關係，也有相輔相成的關係。

總之，香港當然不能自滿，但也不必因其他中心的進展而過分擔心。最重要的是香港必須不斷努力維持和改善其競爭力。因此，香港在未來歲月中所應遵循的政策取向和應實施的具體措施，便成為我們研究的下一課題。

註釋

① 參閱 Roberts（1994b）。

② 見饒餘慶（1988）。

③ 見 U.S. Department of Treasury（1994），第 331 及 346 頁。

④ 香港《文匯報》，1995 年 8 月 24 日。

⑤ 參閱 Shirreff（1995）。

⑥ 見 Economic Committee, Ministry of Trade and Industry, Singapore（1986），第 57 頁。

⑦ 見 Sarrazin（1996）。

⑧ 據港府估計，另外約有 1.1 萬億港元（1,420 億美元）的投資由駐港機構管理。見 1996-97 年預算案附件。

⑨ 見 King（1988），第 368-71 頁。

⑩ 原始資料請閱《1995 年上海經濟年鑑》（上海社會科學院出版）。

⑪ 詳見 Council for Economic Planning and Development（1995）。

⑫ 1990-94 年期間，台灣每年平均經濟實質成長率為 6.5%，以消費物價計算的平均通脹率為 3.8%。台灣外匯儲備在 1995 年 5 月，一度突破 1,000 億美元大關，但台峽危機在同年夏季爆發後，下降至 900 億美元以下。原始資料見亞洲發展銀行 *Key Indicators of Developing Asian and Pacific Countries*。 全球第二大儲備指 1995 年底數字。

⑬ 見經濟部（1994）。

⑭ *South China Morning Post*，1996 年 4 月 6 日。

⑮ 見 U.S. Department of Treasury（1994），第 463 頁。

⑯ 原始資料由 Capital Communications Ltd. 提供。

第9章

政策取向與建議

第 9 章

政策取向與建議

在第 5 章中，我們論述了香港過去成功的種種要素。
這些優點多數是香港政府經濟哲學和政策的成果。港府因此
是值得讚揚的。但這並不是説港府在貨幣、銀行和金融領域
中，從未犯過政策或判斷上的錯誤。

為了擬訂一個能維持和促進香港國際金融中心的有效
策略起見，先須從過去的失誤中吸取教訓。這些失誤曾對香
港作為國際金融中心的發展和聲譽，造成不利的影響。

9.1 失誤的回顧

在第 4 章中，我們提及香港如何在 60 年代末期，由
於港府拒絕撤消外幣存款利息税，結果將亞洲美元市場奉送
給新加坡。等到此税終於在 1982 年撤消時，新加坡早已鞏
固了其國際金融中心地位，對香港構成威脅。

港府在利息税問題上過於僵硬，但在銀行監管方面，
以國際標準而論，又過於鬆懈。結果，在 60 年代，香港爆
發一動搖整個銀行制度的危機。[①] 這場危機迫使港府在 1965
年至 1978 年間，暫停頒發銀行牌照，阻延了香港國際金融
中心地位的發展。

香港脱離英鎊區後，港府修改通貨發行局制 (Currency
Board System) 的制約，准許發鈔銀行以港幣存款的方式貸

入外匯基金賬戶，而非預繳外匯。因此，從 1972 年 7 月
至 1983 年 10 月，香港事實上採用一種"自由發行"制。②
由於香港無適當控制貨幣量的制度架構或手段，結果該時期
的貨幣量和信貸量都失去控制。③ 港府在 1982 年撤消外幣
存款利息稅時，又未同時撤消港幣存款稅，只是將之減至
10%。此一失誤更加劇了當時的危機。④ 在 1983 年 10 月，
聯繫匯率制未建立前，香港並無一明確的貨幣政策目標。

　　1983 至 1986 年牽涉許多銀行和接受存款公司在內的
銀行危機，基本上是 60 年代危機的重演，但規模則大得
多。港府監管不周，固然難辭其咎，但平心而論，當時中英
談判期間的信心危機，也使銀行危機特別複雜和嚴重，而信
心危機是港府所不能控制的。

　　港府在 80 年代中，屢次動用外匯基金，以各種方式拯
救"問題銀行"，當時廣受批評。但今日回顧，港府此一決
策倒是正確的，因為在人心惶惶的情況下，港府如不動用外
匯基金，非但銀行制度，即聯繫匯率制能否維持亦成疑問，
國際金融中心地位更不用談了。後來，一些被接管的"問題
銀行"（如恒隆、海外信託、香港工商）等，恢復盈利後，仍
能以有利的市價脫手，納稅人其實並無損失。

　　1987 年 10 月，全球股災爆發後，港府卻犯了一個判
斷上的錯誤：10 月 20 日，港府批准聯合交易所和期貨交

易所停市 4 日。香港是全球性股災中惟一停市的金融中心，也因而成為了國際笑柄。港府趕緊組織了一數達 20 億港元的救市方案，拯救瀕於破產的期貨市場，並維護金融體系的安全。股市於 10 月 26 日重開時，恒生指數一天之內竟暴跌三分之一，為破紀錄的跌幅。後來港府委任一特別委員會調查，發現聯交所期交所的內部管理，和港府的監管，都存在嚴重問題。⑤

　　最後一次主要的判斷失誤，發生在 1991 年 7 月。當時港府的銀行監理處，對國商銀行 (BCCI) 駐港附屬公司以及其母公司承擔的責任都估計得過分樂觀。7 月8日，國商銀行的倫敦及紐約分行因涉嫌欺詐被英美當局查封後，港府銀監處公開宣稱香港的國商銀行財政狀況良好，並勸存款者不要提款。但 48 小時後，即 7 月 10 日，銀監處因國商銀行母公司不願承擔責任，也將其香港附屬公司封閉。這突如其來的轉變使存款者信心大受打擊。7 月和 8 月間，不但一些有中東背景的銀行，甚至兩大跨國銀行，即萬國寶通銀行和標準渣打銀行，也出現了擠提的情況。⑥

9.2　主要缺陷

　　上面簡述的種種挫折、不幸事件和危機，顯示直至最近，香港的金融監管制，以及當局對促進國際金融中心所採取的策略，都存在不少長期性的缺陷。

首先，港府對金融體系內部經常發生的不穩定和不正常事件所採取的對策，是事後補救式的，缺乏一種前瞻式的、預防性的和有系統有步驟的全面性策略。這一缺陷，部分固然是傳統性的"放任政策"所造成，但另一面，港府負責金融事務的高官，多是公務員出身的通才，缺乏銀行和金融方面的知識與經驗。在銀行金融業迅速變化，種種金融創新層出不窮的環境中，港府官員顯得手足無措，不知如何應付突發事件。第二，無論是監管當局，或是金融機構和市場，都缺乏透明度，一些基本資料也不向公眾披露。在公眾對金融部門和政府政策都缺乏認識、資訊和了解的情況下，一些毫無根據、不負責任，甚至惡意的謠言和推測，最易流行。第三，港府對香港國際金融中心的地位缺乏一長期性的遠景，而且也沒有一全面性的、協調性的推進策略。對外來的挑戰和競爭，也缺乏一種迫切感。

幸而，從近年來一系列行動和措施可以看出，港府已認識到這些缺陷，並已採取步驟將之糾正。

9.3 新的開始，新的遠景

80 年代銀行與證券市場危機後，有關的監管制度和立

法，都已作全面性的整頓和修正。本書因篇幅所限，無法詳
述這些細節。但一般而論，我們至少可說，一預防性的監管
制，已奠定基礎。例如，巴塞爾委員會所建議的最低適當資
本比率，香港早在 1989 年底便達到目標，即較規定期限
（1992 年底）早 3 年完成。[7]事實上，香港註冊的認可機構
在 1994 年底的平均資本比率，高達 17.5%，較巴塞爾委員
會所建議的 8% 高 1 倍以上。[8]另外，正如第 7 章所指出，
金管局目前正致力實施即時結算制，以預防在支付過程中所
可能觸發的支付危機問題。這也是目前使全球央行所提心吊
膽的問題。

　　根據證券業檢討委員會的建議，港府於 1989 年成立證
券與期貨監察事務委員會。這是一個獨立於公務員編制外的
法定機構，其經費由港府和證券市場共同負擔。4 年後，香
港金融管理局（Hong Kong Monetary Authority，簡稱
HKMA）正式成立。金管局也獨立於公務員編制之外，其經
費由外匯基金收入中撥付。金管局負責貨幣政策的擬訂與執
行、銀行的監管和外匯基金的管理，因此事實上等於香港的
中央銀行。[9]證監會和金管局都能按市場價格，高薪聘請銀
行金融方面的專才。因此，兩者的專業性均大為提高。

　　金融業的透明度和資料披露也有所改善。例如，金管
局、證監會和聯交所於 1994 年同意，認可機構應盡量披露

關於它們盈利、資產負債結構以及資產質素方面的資料。銀
行也同意逐步將其"內部儲備"全部公布。金管局本身也在
提高透明度。例如，在經濟學界的敦促下，金管局終在
1993 年公布從 1986 年開始的外匯基金每年資產負債表，
結束了 53 年的守秘。所有監管機構，亦正加強與其所監管
行業的溝通，並改善其關於政策、法令和活動的公共宣傳和
說明。

港府最重要的措施，是 1996 至 1997 財政年度預算案
附件所公布的"支援及推廣服務行業"文件。這是 1979 年工
業多元化報告以來，港府首次公布的經濟發展策略計劃書。
它開宗明義指出：

"政府相信，香港在下一世紀的經濟成就，端賴其服務
業的質素和競爭力……政府擔當的角色，是確保官方的政策
和計劃能方便而非妨礙商業決定，並確保各服務行業的市場
盡量開放和有競爭，從而支援服務業"（附件第 3 頁）。

這兩大文件相隔 17 年。在該段時期，香港經濟經歷了
一結構性變化。1995 年末，服務性行業竟佔香港本地生產
總值（GDP）的 8 成以上。港府的新經濟發展策略的發表，
是再合時不過的。

這文件明文指出了 14 個應該支援和推廣的服務性行
業，其中銀行、金融市場、基金管理和保險直接與國際金融

中心有關。⑩我們前已指出，國際金融中心好比牡丹，須綠葉──其他有關行業──扶持。事實上，其他 11 個行業中，只有電影業與國際金融中心地位無關。港府又保證"積極支持私營部門，使香港能成為亞太區的主要金融中心"。較早時，香港金融管理局任志剛，在一公開場合也公開聲明，"金管局對維持香港國際金融中心地位的目標，十分重視"。⑪種種跡象顯示，港府對維持國際金融中心的地位，已較以前採取更積極的態度。

"支援及推廣服務行業"政策文件中的政策導向立論正確，設計良好，值得我們全力支持。但這份文件只討論港府和私營部門所應做的事。顯然，作為香港下一主權國的中國的政策，更有主導性的重要性。本章因此也論述中國應如何維持和促進香港的國際金融中心地位。至於香港本身，我們特別注重港府文件中未指明的，或須進一步討論的政策措施。

9.4　中國的責任

在第 7 章，我們分析了香港繼續維持國際金融中心地位的六大前提。這六大前提中，有五個與中國直接有關。中國因此必須為香港前途負極大責任。

如果中國真的希望香港在九七後，繼續維持其主要國際金融中心的地位，則中國必須嚴格遵守其在《中英聯合聲明》和《基本法》中所作的承諾，給予香港真正的高度自治。原則上，這些要求並不成問題。因為中國一向堅持這些正是中國一貫的政策。但中國的單方聲明能否便清除對香港前途廣泛懷疑的態度，又是另一問題。比較令人安心的是，香港對中國現代化和經濟發展貢獻極大，也是無可置疑的事實。因此中國貫徹其對香港的義務，是符合中國本身利益的。

中國也必須繼續其經濟改革和開放政策。原則上，中國在鄧後時期也會繼續這些政策，因為它們已證明了無論對中國或香港，都是十分有利的政策。

台灣問題最為複雜，因為中國不允承諾放棄用武。中國的理由是這可以防止台灣獨立和外國勢力支持台獨運動。但中國應該了解，實現統一的最佳途徑，是在和平環境中，致力經濟建設。經濟學家估計，如果中國能繼續維持其目前的成長率，則至 2020 年時，中國可能超過美國，成為全世界最大經濟體（以 GDP 總值計，非人均 GDP 計）。如果香港的"一國兩制"模式在九七後又順利運作的話，則兩者對台灣的聯合"示範作用"，將是十分巨大的。

由於中港經濟日趨一體化，任何對中國不利的國際事件，對香港都會有類似影響。一個例證是每年美國關於對華

"最優惠國家待遇"（MFN）的爭論。港府估計，如果美國取消此一待遇，香港可能損失 960 億港元轉口貿易和 8.9 萬個工作職位。因此，中國必須改善與美國的關係，在雙方摩擦的核擴散、知識產權、人權、貿易逆差等等問題上，採取務實和靈活的政策。不言而喻，如中美能維持良好關係，對九七後香港前途將是極具積極影響的。中英關係也有同一作用。中國如要香港平穩過渡，英國的合作還是必要的。如前所述，中國在非政治問題上，較能採取靈活態度，但如中國能在政治問題上也能同樣靈活的話，對香港的平穩過渡，更有安定和鼓舞作用。

在香港維持國際金融中心的具體展望方面，中國的態度不但十分積極，甚至可說關懷備至。例如，中國高級官員曾私下對回歸前夕港元的穩定性表示關切，並表示如有需要，中國政府願意支援港府。但中國的直接財政援助既無必要，亦不可行。中國致力於前述六大前提的實現，反更有效。值得歡迎的是中國政府屢次公開宣稱支持香港的聯繫匯率制，並且強調"一國兩制"在金融領域的涵義是"一國兩幣"。在"一國兩幣"的國策下，港元不但繼續流通和自由兌換，而且中國內地與香港之間的金融關係，等於兩個不同國家的金融關係。例如，兩者之間的金融交易、債權和負債，從中港金融當局的觀點言，都是國際性交易、債權和負債。[⑫] 中國充分了解，香港的財政金融獨立，是繼續維持香港國際金融中心地位的必要條件。

為促進此一地位起見，中國亦應繼續視香港為首要的集資中心。當然，這不能，也不應，排除利用其他中心，如紐約、新加坡等的可能性。但香港只要能維持其目前的優勢，便應繼續為首要集資中心。

另外一個促進香港國際金融中心的方法，是人民幣一旦能完全自由兌換後，容許香港成立銀行同業的人民幣市場。中國政府在 1994 年初放寬人民幣出入境限制後，香港已出現一人民幣的零售市場。但為鼓勵香港外匯市場發展起見（香港外匯成交額落後於新加坡，見第 4 章），建立人民幣的批發市場是必要的。當然，中國方面亦有保障其權益的充分理由。中國的顧慮是，如容許香港設立人民幣批發市場，該市場會否被利用為擾亂中國金融的工具。顯然，這是中港雙方應互相協商和合作的問題。另外，支付系統和越境監管等方面的協作，雙方亦有和衷合作的必要。

9.5 香港的責任

上節討論的是中國所應遵循的政策和方針。但中國會否實施，則是香港所無法控制的。在本節中，我們將論述香港本身所能執行的政策和方針。基本上，香港所應做的是繼續維持過去使香港成功的種種要素，並盡力將之不斷改善。為便於論述起見，我們將政策建議分為兩大類：一般性建議，即適用於整個經濟的建議，和特殊性建議，即僅適用於金融業的建議。

必須指出，在以下各節中，我們所使用的"政府"這一名詞，是有連貫性意義的，即該詞不但包括1997年7月1日前的香港政府，也包括該日期後的香港特別行政區政府。換言之，我們並不認為九七回歸日是甚麼"大限"。

9.5.1　一般性建議

一、經濟自由

香港的經濟自由，可說是舉世無雙。如前所述，美國兩大著名研究機構最近連續兩年，將香港的經濟自由，在全球排名第一。這一殊榮，也是與香港的傳統"積極不干預"，或"有限政府"政策的結果。這也大概是過去使香港成功的最重要因素。政府應將之保持為長期不變的政策。

二、有效率和廉潔的政府

一個國際金融中心，須有一有效率和廉潔的政府，是不言而喻的。但必須強調的是，政府必須繼續和堅決地反對貪污。九七回歸後，越境貪污案件可能大增，因此香港廉政公署不但必須繼續，而且還有增強實力的必要。

三、法治

法治是另一國際金融中心的必要條件。國際金融機構只有當它們認為法律和條例透明合理，產權和契約受到尊重，並由獨立的法庭執行，才會繼續留港營業。另一方面，我們支持中英關於香港終審庭的協議。根據該協議，終審庭的法官中，有一位是海外人士。我們認為終審庭加上《基本法》，應可保證法治的延續。

四、貨幣政策

聯繫匯率制自 1983 年 10 月實施以來，匯率穩定成為貨幣政策的首要目標。此一目標可說是已十分成功地實現，為國際金融中心提供一繼續繁榮和發展的穩定架構。香港如要平穩過渡至後殖民地時代，則聯繫匯率制和匯率穩定的目標非繼續保持不可。只有九七因素不再存在，"一國兩制"已由事實證明可行時，香港才能考慮另類匯率制度。

五、財政政策

香港的財政政策以穩健著稱。和其他多數國家不同，香港的財政赤字是例外而非慣例。這一傳統非繼續不可。具體地說，公共開支對生產總值的比率應保持在 20% 以下（目前的比率約為 18%）。有限的公共部門體積，不但能保證輕微的稅負（這是香港經濟成就的最重要因素之一），而且亦能防止貪污的蔓延。⑬

　　六、基建政策

　　港府目前正從事一龐大的基建工程，其範圍包括新機場、港口和本地運輸系統。在"支援及推廣服務行業"文件中，政府承諾"銳意投資新鐵路工程，提供金融服務綜合大樓，並引進電子數據聯通系統"（第 6 頁）。

　　政府有一明確和堅定的基建現代化政策，是值得讚許的。但政府亦應經常與中國協商（特別是一些有跨境意義的工程項目），以防止重複浪費和成本失控。

　　七、教育與人力政策

　　遲至 1984 年，香港 17 至 20 歲的青年中，只有 5% 能接受高等教育。至 1994-95 學年時，此一比率升至 18%。但與其他發達工業化國家相比，還是偏低的。據世界銀行資料，1991 年時，"高收入經濟"受高等教育適齡青年的平均比率是 39%。⑭ 為維持和提高香港的國際競爭力起見，我們提議政府在未來十年間，應致力將該比率提高至 30% 以上。

　　港府是應該強調英語和中文（普通話）語文能力的重要性的。在最近 1996-97 財政預算案中，港府增加撥款，增強學校的語文課程。另一值得注重的是電腦技能。目前，電腦技能已成為覓職的必要條件之一。因此，我們也建議政府鼓勵學校在高中階段設立電腦課程。

香港各大學和專上院校所提供的各種學位課程，是能符合香港經濟發展的需要的。但大專院校亦應與專業團體如香港銀行學會、港府的職業訓練局等等密切合作，為在職員工提供職訓課程。

八、就業政策

香港的就業和入境政策，一般而論，相對地寬鬆，具有適當資歷和技能的外籍人士，較易獲得工作許可證。此一政策，在香港高等教育制度尚未發達時，特別重要。為應付未來的挑戰，香港應採取"惟才是用"的政策。在失業上升時，勞工及其他壓力團體強烈要求禁止外勞，其心情雖可理解，但禁止外勞的政策，長期而論，是對香港不利的。

港府過去對具有香港或英聯邦學位或資格人士，有優先錄用的傾向。如此一態度仍然存在的話，對香港經濟前途和競爭力也是不利的。

九、鼓勵競爭政策

香港在經濟自由方面雖在全球排名第一，但在某些服務行業中，仍然存在壟斷性或保護性行為的痕跡。政府應在民航、電訊和專業服務(法律、醫學、會計、建築、工程)等行業，積極推行鼓勵競爭的政策，以提高效率和降低營業成本。例如，據財政司 1996-97 財政預算案所指出，過去 10

年，即使是有限的自由化，也使"住宅電話線租金的實際費用在過去 10 年下降 32%，國際電話的實際費用則下降達 75%"。[⑮]

9.5.2　特殊性建議

一、監管制度

香港必須遵照國際標準，不斷改善金融體系的監管制度，以維持香港國際金融中心的聲望和質素。銀行業、金融市場和保險業的守則應盡早擬訂，使各行業自願遵守。香港亦應加強與其他國家監管當局的聯繫和合作，應付世界金融一體化趨勢下所可能產生的問題。

與此同時，政府亦應避免監管過度，窒息了私營部門的積極性和創新性。監管當局所面臨的挑戰，是如何在嚴格的監管以保障整個體系的穩定，和維護自由競爭環境以鼓勵銀行金融業不斷成長創新之間，保持一適當的平衡。

二、稅收制度

嚴格而論，稅收制度應該在一般性建議下論述。但由於離岸市場收入課稅方面的普遍誤解，我們將之歸類於本節內分析。

香港的稅制，由於其稅率較低，稅制較簡單和"領土來源"的原則，一般公認為對工商業有利。已如前述，根據

"領土來源"原則，源自香港境外的所得或盈利概不課稅。此外，由於實際平均稅負限為 15%，註冊有限公司稅負則限為 16.5%，香港稅制接近美國某些經濟學家和稅務專家所極力提倡的"劃一稅制"，即無遞增性邊際稅率的稅制。

由於新加坡和雪梨將離岸金融業務的所得稅率降為 10%，引起香港當局和金融界的極度關切。[16]其實，這是將香港的 15% 標準稅率與其他中心的離岸所得稅率混為一談的誤解。在"領土來源"原則下，香港的離岸所得稅率等於零。

但 1978 年，港府接受第三屆稅務條例檢討委員會的建議，擴大利得稅的範圍，將非經由海外分行經營所獲致的離岸金融業務收入，亦包括在課稅範圍內，這就使"領土來源原則"複雜化。但這稅務條例的修改，對多數跨國金融機構其實毫無影響，因為它們有全球性的分行網，隨時可通過其海外機構安排離岸交易。即使收入來源處於灰色地帶的話，香港稅務局亦有彈性和務實的處理方式，如表 9.1 所示。

因此，只要"領土來源"原則繼續有效，其他中心降低離岸所得稅，對香港並不構成威脅。然而，在不損害財政收入的前提下，香港仍應繼續保持低稅率的吸引力。

一個應該重新檢討的問題是公司利得稅的 1.5 個百分點附加稅，這附加稅是 1975 年開始徵收的，以代替第三屆

表 9.1　離岸收入的課稅方式

收入性質	課稅方式
(a) 離岸貸款全由海外分行或附屬機構安排和提供資金	免稅
(b) 上述貸款全由香港分行安排和提供資金	全部按公司利得稅率課稅
(c) 上述貸款由海外分行或附屬機構安排，但由香港分行提供資金	一半按公司利得稅率課稅
(d) 上述貸款由香港分行安排，但由海外分行或附屬機構提供資金	一半按公司利得稅率課稅

資料來源：稅務局長 1987 年 12 月 18 日致作者函，及稅務局 Departmental Interpretation and Practice Notes No.13 (revised)，3 May, 1986。

稅務條例檢討委員會所否決的股息稅。[17]當時港府徵收此附加稅的理由，除了代替股息稅外，還有另一說法，即股份有限公司與無限公司相較，享有所謂"特權"。這種說法，20 多年前也許有若干根據，但時至今日，已完全不合時宜了。首先，經濟學家普遍公認股息稅是一種對企業精神有害的"雙重課稅"。第二，股份有限公司現在也公認為最普遍和最進步的企業組織形式。一個企業如不能在資本市場集資，則該企業乃至整個經濟均無增長的可能。因此，對一個採取最先進組織形式的企業，實施歧視性的稅率，是不合邏輯的。

我們提議，只要財政儲備繼續保持良好狀態，上述 1.5% 附加稅應在數年內逐步廢除。為避免對財政收入的衝擊起見，可將每次減少的幅度限為 0.25 個百分點。

我們認為，一般性的減稅，較僅限於金融業的減稅，更能刺激投資和企業精神，促進整個經濟（包括金融業在內）的成長。最近 1996-97 年度財政預算中所提出的減稅措施，僅限於金融業，如：合格債券利息及盈利稅率減半，為對沖期權之用的證券交易，免繳印花稅等等。這些特殊性的減稅，其意義不及一般性的減稅。

某些外資銀行，特別是來自高稅率國家（如德國）的外資銀行，經常埋怨香港因無"雙重課稅條約"，其吸引力不及新加坡。不幸，這些條約只能由主權國家簽訂。要求英國代表香港交涉這些條約，已為時太遲。惟一的方法是根據《基本法》，請求中國出面代香港談判，因為中國中央人民政府負責香港的國防與外交事務。中國如要保持香港的國際金融中心地位，應以同情和關切的態度來處理此一問題。

總之，香港的低稅制度，是維持其國際競爭力的極重要因素，必須長期地維持。

三、國民待遇與互惠

在以前各章中，我們已詳述香港的國民待遇紀錄，可說

是全球無出其右。另一有關的概念是"互惠"（reciprocity），
即對外資銀行或其他金融機構，實施本國銀行或其他金融機
構在外國所受的同等待遇。但實際上，許多國家以消極和限
制性的態度來解釋"互惠原則"，或用之為談判籌碼。香港
則一向以積極的態度來解釋"互惠"。港府在審批外資銀行
申請入境營業時，所要求的只是申請銀行註冊所在國對香港
銀行提供"合理的互惠形式"，換言之，香港並不要求數量
上的絕對平等。⑱這就造成了一種現象，即港資銀行在某些
國家和地區的數目，遠低於來自這些國家和地區在港營業的
銀行的數目。⑲

　　這種"互惠"的不均現象，在本港金融界引起相當不
滿。但我們仍認為，從宏觀立場而言，香港採取積極和寬容
的國民待遇和互惠政策，長期而論，還是對維持國際金融中
心地位有利的。

　　四、對香港前途的宣傳

　　目前國際間對香港回歸仍普遍存在混淆不清和誤解的
現象。就金融業而言，一個具體的威脅是將香港和中國的主
權或國家風險合併為一。香港金融管理局應與其他公私機構
如香港貿易發展局、香港總商會等等在海外進行"一國兩
制"和"一國兩幣"的宣傳活動，強調香港在經濟、財政和金
融方面的自主性，以及《聯合聲明》及《基本法》所提供的保

障。總之，政府應在各種國際場合，宣傳香港應有其獨立的信用評級。

五、金融創新

一個國際金融中心，須能不斷推出金融新產品和服務，才能維持其競爭力。在金融創新方面，香港是相對落後的。最近財政預算案中，港府提議模倣美國創立抵押（Mortgage）證券公司，是金融創新的重要發展步驟。抵押證券是證券化（securitization）的一個重要形式，而證券化又是全球金融市場的主流。抵押證券化還有提高流動性、糾正錯配等等優點。一般而論，在建立一有效的風險管理制度的前提下，政府應鼓勵產品和服務方面的金融創新。

1995 年由立法局通過的強制性公積金制度，也是一重大的創新。目前，該公積金實施的細節，正由一港府委任的特別委員會加以考慮。港府估計該公積金資產總額，將由 2000 年的 1,460 億港元，增至 2030 年的 29,540 億港元（以 1995 年價格計）。[20]公積金因此對香港基金管理業提供極強大的推動力，應盡可能早日實施。

六、中國因素

由於中國是香港的經濟腹地，香港應竭力利用中國因素的積極效應。目前，香港無疑是中國的首要集資中心，1995 年底在香港上市的 H 股（國企股）共有 18 個，今後仍將繼續增加。但香港不能享受壟斷地位，因為中國亦在利用紐約和新加坡市場。香港因此必須繼續努力，保持其國企股首要中心地位。

香港亦應大力游說中國，在人民幣可完全自由兌換時，准許在港設立銀行同業的人民幣批發市場。當然，如前所述，中國方面亦須考慮其本身的利益。香港應向中國保證，人民幣批發市場不會成為擾亂中國金融市場的工具。

香港由於中外銀行群集，一向是對華銀團貸款的主要中心。這也是香港應致力維持的優勢。另外一重要目標是成為中國的重保險中心。中國的保險業仍處幼稚階段，但前途則無可限量。

七、技術平台

在基本操作、顧客服務和資料處理方面，香港的銀行業和證券業早已電腦化。但在自動交易、電子資料互換（EDI）、全球性保管、家庭銀行（以私人電腦操作的廿四小時個人銀行服務和電話銀行服務）等方面，尚待進一步的技術進展。

在公共服務方面，我們早已指出香港金融局與香港銀行公會合作，計劃在最近的將來實施即時結算系統，以便將票據交換與結算過程中的風險減至最小。債務工具中央結算系統（CMU）亦在債務工具的保管和結算方面，發揮其效能。香港必須經常改善其技術平台，因為一個國際金融中心，只有在交易成本和風險極小化的情況下，才能繼續生存和發展。

八、海外聯繫

新加坡在衍生工具的成交量方面，享有相對優勢，原因是早在 1984 年，新加坡的國際貨幣交易所（SIMEX）便與芝加哥期貨交易所（CME）建立正式聯繫。香港期貨交易所則遲至 1995 年，才與美國費城證券交易所（Philadelphia Stock Exchange）建立正式聯繫，准許該所的貨幣期權在香港期交所交易。

香港與中國的證券監管機構和交易所，於 1993 年夏簽訂一互相合作的備忘錄。香港的債務工具中央結算系統（CMU）亦於 1994 年底，與歐洲的 Euroclear 和 Cedel 建立聯繫。[21]下一步顯然是把香港及其最大兩個貿易夥伴，即中國和美國的支付系統聯為一體。總之，香港的對外聯繫必須不斷擴大和增強，以保證香港在全球性的廿四小時金融市場網絡中，佔有一不可替代的地位。

註釋

① 詳見 Jao（1974），第九章。

② 詳見 Jao（1990），及饒餘慶（1993），第三章。

③ 詳見 Greenwood（1982）。

④ 詳見 Jao（1990），第 71-72 頁，及饒餘慶（1993），第四章。

⑤ 詳見 Securities Review Committee（1988）。

⑥ 詳見饒餘慶（1993），第十章。

⑦ 見銀行監理處 1990 年年報。

⑧ 見香港金融管理局 1994 年年報。巴塞爾委員會是有"央行之央行"之稱的國際結算銀行（Bank for International Settlements，簡稱 BIS）屬下的一委員會，專責統籌全球商業銀行的監管事宜。

⑨ 金管局由前港府金融事務科屬下的外匯基金管理局和銀行監理處合併而成。金融事務科遺留部分現改稱財經事務科。

⑩ 其他 11 個行業是：航空運輸、電腦及有關服務、電影、進出口、陸上運輸、海上運輸、專業服務、地產、電訊、旅遊、會議與展覽和批發與零售。但傳播、廣告、市場研究和設計卻未包括在港府策略文件內。

⑪ 見 Yam（1995）。

⑫ 這是中國人民銀行副行長陳元多次強調的政策。詳見 Chen（1995）。

⑬ 關於公共部門體積與貪污的關係，請參閱 Tanzi（1995）。

⑭ 原始資料源自 World Bank, *World Development Report*（1994）。

⑮ 見"一九九六至九七財政年度政府財政預算案"，第 105 段。

⑯ 見 Hong Kong Monetary Authority (1995)。

⑰ 見拙著 Jao (1977)。

⑱ 見香港金融管理局 1993 年年報，第 68 頁。

⑲ 中國大陸和台灣便是例證。

⑳ 見 1996-97 年財政預算案附件。

㉑ Euroclear 是歐洲公債市場各種債券以電腦結算和保管的系統。

Cedel 是 Centrale de Livraison de Valeurs Mobilieres 的簡稱，設於
盧森堡，是歐洲債券和其他證券結算、交付和保管的中心。

金融中心的盛衰

第 10 章

金融中心的盛衰

　　在本書即將結束之前，我們為鑑往知來起見，試就全世界主要金融中心的盛衰，作一簡略的回顧。

　　最早的國際金融中心，據説是 13 世紀的意大利都市佛羅倫斯（Florence）。但 14 世紀時，由於英國國王愛德華三世不允償還其債務，使佛羅倫斯大受打擊而一蹶不振。[①] 這也是主權或國家風險能摧毀一個金融中心的第一實例。至 16 世紀時，另一意大利都市，熱那亞（Genoa），在金銀貴金屬的基礎上，建立信貸制度，崛興為新的國際金融中心。舒萊（Scholey）將之稱為一新的金融中心典型，其根基並非奠定在國際貿易或出超上，而是奠定在利用他人剩餘資金，包括證券化的先進信貸制度上。[②]

　　熱那亞也好景不常，其地位在 17 世紀時被阿姆斯特丹（Amsterdam）所代替。和意大利的都市國家不同，阿姆斯特丹享有一民族國家，即荷蘭的整個國力的支持。此外，它又是整個歐洲的商業和信息中心，使其國際金融中心地位，相得益彰。

　　在以後的 200 年間，阿姆斯特丹又逐漸被倫敦所取代，其主因如下。首先，英國是工業革命的先驅，至 19 世紀時，已成為全球最強大的工業國家。第二，在戰勝拿破崙後，英國也成為全球最強大的軍事國家。在拓展海外帝國方面，英國也領先於其他歐洲國家。第三，英國在銀行業務

（如股份公司、商業銀行、商人銀行、中央銀行）和金融工具（支票、票據、股票、債券）各方面，也處於領先地位。其他歐洲國家的金融中心，如柏林、法蘭克福、巴黎、蘇黎世、米蘭等，也先後在 19 和 20 世紀興起，但無一能挑戰倫敦的地位。③

　　19 世紀第四季後，美國和德國在工業產量上已趕上英國，但紐約在第一次大戰後，才能挑戰倫敦。雖然倫敦在 30 年代也受全球蕭條的影響，但紐約受 1929 年華爾街股市崩潰和美國經濟不景及銀行危機的打擊更大。 1945 年第二次世界大戰結束後，紐約領導全球的地位才告確立。作為第二次大戰中惟一未受戰爭破壞的大都會，紐約成為了全球獨尊的金融首都。在戰後的"美元匱乏"年代，只有紐約才能在全球規模上輸出資本。

　　但紐約也不能長期保持其獨佔地位。至 1958 年時，"美元匱乏"已開始被"美元過剩"的現象所代替。同時，美國金融當局的一系列限制銀行業務的條例，如： Q 規則、利息平衡稅、海外投資自動約束條例等等，導致了一無管制的龐大的歐洲貨幣市場的崛興。英國的國力和影響雖繼續衰落，但倫敦由於採取明智的、彈性的監管制度，再加上 2 世紀來累積的金融專業知識和經驗，使倫敦佔有歐洲貨幣市場的大部分業務，與紐約分庭抗禮。

　　至 80 年代中期，美國已淪為淨債務國，日本成為了唯一能大量淨輸出資本的國家。理論上，這應能使東京成為全球最大的國際金融中心。然而，正如前述，東京其實不及其他國際金融中心的開放。而且，90 年代日本的"泡沫經濟"戳破後，日本正如美國在 80 年代一般，正經歷一場嚴重的銀行壞賬危機。日圓的不斷升值也使日本的營業成本大幅上升，使外資機構望而卻步。

　　世界其他金融中心，如上海與貝魯特的沒落，和香港與新加坡的崛興，早已在以前各章中詳述。

　　從這十分簡短的歷史回顧，香港及其未來的主權國，中國，應吸取甚麼教訓？

　　第一個教訓是，國際金融中心和民族國家一樣，有其盛衰浮沉的過程。沒有一個國際金融中心能避免競爭和挑戰，沒有一個國際金融中心能永遠維持其獨尊的地位。長期而論，一個國際金融中心只有在維持其競爭力、活力和靈活性的前提下，才能繼續生存。

　　第二，戰爭（不論是內戰或外戰）是國際金融中心的最大敵人。其次是政治動亂和錯誤的宏觀經濟或金融政策。監管不善、信貸泛濫和其他不當金融行為也為害甚大。以監管鬆弛為競爭手段的做法，不但是目光如豆的策略，而且可能帶來災難性的後果。

　　第三，世界金融體系受到四大趨勢的支配：全球化、自由化、證券化和電腦化。這些趨勢有混合性的向心和離心效應，其最終後果尚難作一定論。但即使不少專家正在討論"無形市場"的可能性，高科技也不可能完全取消地理和時區。某種形式的國際金融中心的地理分布還會存在，但只有競爭力最強，最能發揮其獨特優勢的國際金融中心，才能繼續生存發展。

　　本書結束前的最後一個問題是：一個曾一度沒落的國際金融中心，能否像鳳凰一樣，在灰燼中重生？目前，全世界在談及上海時，都會提出這問題。90 年代以來，上海努力不懈地試圖恢復其昔日遠東第一金融中心的榮譽。

　　關於上海的前途，目前還有許多不可測的因素，很難作一定論。但一個流行的見解似已在形成，認為上海遲早會趕上和取代香港。

　　我們的見解則不同。我們認為香港非但不必恐懼上海的復興，反應對之衷心歡迎。除了滬港兩地在相當的時間內會保持相輔相成的關係外，中國決心恢復上海昔日光輝，對香港也是個好消息，因為這表示半世紀前，中國政府在上海所犯的政策錯誤，不致在香港重覆。

　　經濟專家估計，如中國能致力和平經濟建設，則在未來 25 年間，將成為全世界最大的經濟體（以生產總值計，非以人均生產總值計）。如果此一目標能夠達到的話，則屆時中國將擁有兩個世界級的金融中心，即上海和香港。對歷史悠久的中國來說，這將是破紀錄的成就。

註釋

① 請參閱 Scholey (1987)。

② 同上。

③ 請參閱 Abraham et al. (1993)。

附錄

●外資機構在香港經營銀行業務的計量經濟學模型

陳守信　著

1. 香港的外資銀行機構

自香港成為英國殖民地以來，外資銀行已開始在香港建立業務據點。但正如本書內文指出，驅使香港成為外資銀行集中地的國際金融中心，其主要原動力，源於 1978 年港府放寬頒發銀行牌照的政策。外資銀行的數目開始大幅增加。經過約 20 年的急速發展，現時香港的外資銀行機構來自超過 40 個國家；以資產值計算，在全球名列首 100 位的銀行集團中，有超過 80 間以上已在香港設立分支機構，經營各類銀行業務。

外資機構在香港的業務範圍，遍及各個環節。但相對而言，它們在傳統的商業及零售銀行業務方面的拓展則較為審慎；而在新興的商人銀行及離岸銀行業務方面，則十分活躍，並在推動香港銀行業由單一模式發展至多元模式上，起着領導作用。

只有少數的外資銀行在香港零售銀行業務方面佔有重要地位。它們包括中國銀行集團的 13 間附屬銀行、英國的標準渣打銀行、美國的萬國寶通銀行及比利時的華比銀行。它們在香港均設有超過 20 間以上的分行。其中中國銀行及標準渣打銀行在港的歷史，可追溯至最初香港成為英國殖民地的 19 世紀。現時它們亦負責發行香港的法定貨幣。香港的最大銀行——匯豐銀行——雖在 1991 年起為一間英國控股公司所擁有，但仍保留其在香港註冊成立的法定地位。[1]

　　在開放的市場環境下，外資銀行在零售銀行業務方面仍不及本地銀行活躍，基本原因是建立分行網絡的成本較高，以及歷史悠久的本地銀行已擁有明顯的業務優勢；而零售銀行市場接近飽和，導致邊際利潤微薄，亦使外資銀行缺乏投入大量資金與本地銀行競爭的誘因。值得注意的是，香港政府長期推行"國民待遇"，即對所有金融機構一視同仁的政策。來自各地的銀行集團均可依據在 1995 年修訂的香港銀行條例，向香港金融管理局申請經營銀行業務的牌照。[2] 發牌準則包括最低資本及資產要求、擁有經營銀行業務的完善紀錄及在法定註冊地受到當地政府的有效監管。這些準則均根據國際結算銀行巴塞爾委員會的指引制訂，目的是維持審慎監管的原則，而非為外資銀行進入本地市場設置屏障。具體地説，港府必須避免香港演變成為沒有充足資本準備的問題貸款"集中地"。

　　此外，發牌準則還根據國際慣例，考慮外資銀行的所屬國家是否給予香港銀行同樣的互惠條件。[3] 直至 1980 年代初期，港府才因應在 1965 年發生的銀行風潮，不時停發同樣適用於本地投資者的銀行牌照。此舉基本上是針對保障香港銀行體系的穩定性，而非阻止外資銀行與本地銀行進行業務上的競爭。④ 在金融三級制度下，外資銀行機構最初唯有以財務公司或接受存款公司的名義經營銀行業務。接受存款公司只可接受大額存款，但卻不須受到銀行公會利率協議的限制，可根據各自的情況制訂存款利息。⑤

1981 年，港府全面取消停發銀行牌照的禁令，外資機構的數目開始顯著上升。港府容許它們以分行的形式，而非在港註冊成立附屬公司的形式在本地經營。跨國銀行大都滿意這項安排，原因是它們不須將大量資金規限在特定的註冊地，在資金調配上可達到靈活運用的效果。然而，為了保障小存戶的利益，港府亦自此要求這些外資銀行將業務運作局限於一處地點。⑥ 這個限制外資銀行在港設立多間分行的政策，並未扼殺它們經營零售銀行業務。在 60 年代發生戰後首次銀行風潮以後，很多資本基礎較為薄弱而擁有多間分行的本地銀行，紛紛為外資機構所收購。政府在這些收購事件中，均持容許及合作的態度。

至 1994 年底，在香港註冊成立的 31 間持牌銀行中，只有 16 間的實益擁有地為香港。事實上，一些沒有受到單一辦事處限制的外資銀行，在 80 年代中期開始，亦基於商業考慮而收縮它們的分行網絡。

所有相關的數據均顯示外資機構在香港銀行體系的重要地位。至 1994 年底，在港的 380 間認可銀行機構中，

91% 或 345 間的實益擁有國為香港以外地區,在金融三級制下,它們包括 164 間持牌銀行、61 間有限制牌照銀行及 120 間接受存款公司。正如本書第 4 章所述,以外資銀行機構數目計,香港名列世界第二位,僅次於英國倫敦。中資、日資、美資及歐資機構佔整個銀行體系超過 7 萬億港幣資產的 8 成。政府公布最近年份數據顯示,在 1992 年,62% 的銀行從業員為外資機構所聘用(見表 1)。其中日資為香港最大的外資銀行集團。它在 93 年佔整個銀行體系總

表 1 外資擁有機構佔香港銀行業務的比例

(單位:佔總體百分比)

	機構數目	資產值＊	僱員人數
1986	84	80	60
1987	86	84	61
1988	87	84	61
1989	89	83	61
1990	91	84	62
1991	90	82	61
1992	90	81	62
1993	91	79	未有公布
1994	91	80	未有公布

＊數字只包括自中國、歐洲、日本及美國的外資銀行機構。外資機構不包括香港匯豐銀行。

資料來源:原始資料來自各個香港銀行監理專員年報及香港金融管理局年報。

資產值的 53%，及在 94 年佔全港銀行機構數目的 25%。
其他美國、中國、英國、印尼及法國，亦為僅次於日本的主
要外資銀行集團。近年來，新的銀行牌照大多發予來自美
國、日本、歐洲及台灣的金融機構。[⑦]

　　缺乏分行網絡亦沒有妨礙外資銀行發展與本地有關的
各項業務。它們在批發銀行業務上已建立了鞏固的市場地
位。和很多離岸金融中心不同，香港並未在法制上區分離岸
及本地銀行業務。因此，外資銀行除了在離岸客戶貸款上佔
有近乎 100% 的市場佔有率外，在本地使用的客戶貸款上亦
佔有 60% 以上的市場（見表 2）。

表 2　外資機構佔香港銀行業客戶貸款比例

（單位：佔總體百分比）

	供本地使用貸款	供香港以外地區使用貸款
1986	62	86
1987	65	91
1988	66	92
1989	66	94
1990	66	96
1991	64	97
1992	63	97
1993	60	97
1994	61	97

註：數字只包括自中國、歐洲、日本及美國的外資銀行機構。外資
　　機構不包括香港匯豐銀行。
資料來源：原始資料來自各個香港銀行監理專員年報及香港金融管
　　理局年報。

2.　決定外資銀行在港經營的因素

我們在上節已論述了外資在香港銀行體系的主要地位，及其在推動本地銀行業發展的重要貢獻。正如本書第5章所指出，香港擁有一些獨特的相對優勢，吸引外資積極投入香港的金融業務。但和其他外來投資項目一樣，外資在香港經營銀行業務，背後應為一些經濟因素所推動。舉例來說，銀行有提供貿易融資及財務意見予出入口商的功能。我們因此可推斷一個與香港有密切貿易關係的國家，其銀行機構在港應相當活躍。若能以科學化的方法清楚界定這些驅使外資銀行在港經營的因素，將有助我們更清楚了解香港發展成為國際金融中心的基本條件，並能在提高香港金融市場地位方面提供指引。

我們將嘗試在本章節建立一個計量經濟學模型，以此分析主宰個別國家外資在香港銀行體系活動的基本因素。類似的計量模型最初由高斯和高柏 (Grosse and Goldberg) 在 1991 年首先提出。我們將以現有的 "組合數據" (Panel Data)，驗證這個模型的合理性。結合若干國家多年的數據，"組合數據" 方法可大幅增加可用數據的數目，亦能減低 "解釋變數" (Explanatory Variables) 的 "共線性" (Collinearity) 影響，提高計量模型估計參數的準確性。我們所得出的實證結果，將

197

揭示外資銀行來港經營的決定性因素，並可解釋個別國家金融機構在香港銀行業的相異活動情況。

2.1 計量模型

這個模型將以線性關係顯示一組"自變量"(Independent Variables) 對一個我們關心的"應變量"(Dependent Variables) 變動的解釋能力。在先驗的基礎上，我們挑選了 6 個自變量，測試它們對應變量 —— 即來自不同國家外資機構在香港銀行業的參與程度 (FB) —— 是否存在顯著影響。因為外資銀行在香港基本上享有與本地銀行相同的待遇，因此我們假定政府管制對它們的活動不構成任何影響。6 個自變量遂全部基於經濟理據來選取。

以數學形式表達，我們的模型為：

$$FB = \alpha + \beta_1 FI + \beta_2 TT + \beta_3 MS + \beta_4 CR + \beta_5 GP + \beta_6 GD + \varepsilon$$

(α 為常數，β 等為估計參數，ε 為隨機誤差。)

選定的自變量對應變量的假設關係如下：

(i) 外國在港投資 (FI)

我們預期外資銀行將追隨其所屬國客戶在港投資而進入香港的銀行業。此舉主要是滿足它們本土客戶在海外對銀行服務的需求，避免失去這些有跨國業務，並通常是較大的客戶。因此，外資銀行在港的活躍程度，應與其所屬國企業在港投資的數額成正比關係。

(ii) 雙向貿易 (TT)

同樣道理，個別國家與香港的貿易數額，亦應與外資銀行在港活動成正比關係。若兩地的雙邊貿易頻繁，外資銀行理應在港設立據點，避免將大量生意轉介予在港的聯繫銀行。

(iii) 所屬國市場規模 (MS)

我們預期所屬國銀行業市場規模較大，對外資銀行在港活動構成正面影響。原因是來自成熟市場的銀行較有機會擁有足夠的資源及專業技能擴展國外業務。而且，擁有龐大銀行業市場的國家，亦應較為關注其他地區的互惠安排是否落實，因而有助推動銀行業的雙向投資。

(iv) 相對信用評級 (CR)

相對信用或國家風險評級，對外資銀行在港活動的影響較具爭議性。一方面銀行家像其他投資者一樣，應偏向在風險較低的地區開發業務。但另一方面，擁有較低信用評級的銀行則較難進入海外市場經營。在美國及英國的類似實證研究則較為支持第一種理論，即較高相對信用評級可吸引外國銀行投資。

(v) 地理距離 (GP)

與香港的地理距離應在兩個相反方向影響外資銀行在

199

港投資。一方面，距離所屬地區越遠，應更需要設立據點以應客戶需要。這對偏重人與人直接溝通的銀行服務更為重要。相反，銀行在鄰近地區開拓業務，其優點是成本較低。這因素不單是考慮控制及聯繫海外分支，還包括對鄰近市場的熟識程度及文化相近性。同類在英美的實證研究則較為支持第一種論調，即地理距離並未對銀行發展海外業務構成顯著的負面影響。這類研究反映銀行業務漸趨國際化的發展，以及紐約和倫敦作為國際金融中心的領導地位。

(vi) 經濟成長率差距（GD）

從商業前景考慮，跨國公司應趨向在高經濟增長地區擴展業務。經濟高速增長為跨國銀行提供大量當地生意機會，並可為新開設的銀行提供足夠的活動空間。以此推論，香港的本地生產總值增長如相對偏高，預計可推動更多外資銀行在港設立據點。

綜合來說，估計 FI、TT、MS 和 GD 的參數值應為正數，而 GP 及 CR 的參數值則有待我們的運算驗證。

2.2 數據

我們以在港外資銀行及接受存款公司的數目，代表其在香港銀行業參與程度大小的指標。外資銀行機構的來源地以實益擁有國為界定標準，它們因此包括以香港為合法註冊地，但已為外國資金所收購的原本地銀行機構。這個按年數據源自香港銀行監理專員年報及香港金融管理局年報。外資銀行資產值或其所聘用的僱員數目亦可用作應變量的代表值，但因港府未有發表按個別來源國分類的數據，因此我們並不能同時應用這些數據代表應變量。1992 年後，政府甚至已停止發表外資銀行在港僱員的綜合數字。

　　無論如何，銀行機構數目應為較適合的代表數據，原因是以資產值計算各國銀行機構在港的活躍程度，可能因為少數大銀行的存在而影響應有的運算結果。6 個自變量的定義及出處已詳列於表 3。

(201)

表 3　自變量的數據來源

	計算標準	來源
FI	外資在香港製造業的投資項目	香港政府工業署
TT	總體商品貿易額	香港政府統計處
MS	以相同貨幣計算的銀行存款額	國際貨幣基金會
CR	國家信用評級指數差距（外國指數減去香港指數）	機構投資者雜誌
GP	法定飛行哩數	國際網絡地址：http：/warpig.cati.csufresno.edu/cs/150-air.html
GD	實質本地生產總值增長差距（香港增長率減去外國增長率）	香港政府統計處中國國家統計局、亞洲發展銀行及經合發展組織

因應資料供應情況，我們以 15 個國家在 1987 至 1994 年的數據，對上述的設定模型進行計量經濟分析。[8] 來自這 15 個國家的持牌銀行及接受存款公司，共佔全部外資銀行機構總數的 8 成左右（見表 4）。用組合數據的方法，我們應共有 120 個"觀察數點"（Observations）以資迴歸運算（Regression）。但因其中 3 個數據在撰寫本文時仍未公布，因而可應用的觀察數點，只有 117 個。

表 4 外資機構參與香港銀行業務的情況

（單位：機構數目）

	1987	1988	1989	1990	1991	1992	1993	1994
澳洲	12	10	10	11	7	7	6	5
加拿大	12	12	12	11	9	9	9	8
中國	32	32	32	32	32	31	32	32
丹麥	0	0	0	2	2	2	2	2
法國	20	19	19	18	16	16	16	17
德國	12	12	13	11	9	9	10	11
印尼	22	19	19	20	19	18	19	19
日本	60	64	67	73	81	84	89	94
馬來西亞	6	6	8	9	6	6	8	8
荷蘭	8	8	7	8	6	7	5	5
新加坡	14	13	12	13	10	11	9	10
瑞士	5	5	5	5	4	4	4	4
泰國	11	10	9	10	9	6	6	6
英國	20	21	20	19	16	16	17	18
美國	57	53	54	53	43	38	34	35
相對總體外資銀行機構數目的百份比	80	79	80	80	80	80	79	79

資料來源：原始資料來自各個香港銀行監理專員年報及香港金融管理局年報。

2.3　運算結果

應用組合數據進行"最小平方"（Least Squares）迴歸計算，必須假設所有橫切單元在所有時段均有相同的迴歸參數值。我們可首先運用"共變異分析測試"（Analysis-of-Covariance Test）檢定這個原假設是否成立。因計算出的 F 統計值小於標準值 F (0.05; 98, 12)，相同參數的原假設當可接受；而我們亦可直接組合已有的截面及時間序列數據，以"普通最小平方法"（Ordinary Least Squares）求出各個自變量的估計參數值。

(203)

表 5 詳列迴歸運算的結果。雙邊 t 測試顯示有 5 個自變量有 99% 置信程度對應變量——即外資銀行機構數目

表 5　以 15 個國家組合數據計算的迴歸分析結果

	估計參數	t 統計數值	
常數	11.657	8.661	
外來投資	0.182	6.159	
雙向貿易	0.1E-4	3.397	
所屬國市場規模	0.1E-4	7.509	
相對信用評級	-0.154	-2.720	
地理距離	-0.001	-4.537	
經濟成長率差距	0.211	1.531	
F 統計值			226.827
經調整 R^2			0.921
觀察數點			117

──構成顯著影響。 GD 對應變量構成影響的置信程度亦達 80%。 F 統計值達 227，遠較標準值 F (0.05; 6, 110) 為大。因此所有自變量的參數值為 0 ── 即不對應變量構成任何影響 ── 的原假設並不能接受。經自由度調整後的 R^2 值，亦顯示自變量在迴歸運算中可解釋 92% 外資銀行數目的變動。

FI、TT 及 MS 的估計參數正負符號與我們的預期相同。 GD 可解釋應變量的置信程度較低，反映離岸銀行業務的重要性。[9] 香港市場相對較小，本地業務因此不能顯著負起吸引外資銀行來港經營的任務。事實上，很多國際級銀行均以香港為發展整個亞洲區銀行業務的基地。自 70 年代末期開始，香港亦成為外資銀行進入中國龐大市場的前哨站。在 1994 年，由外資銀行拆放在本地使用的客戶貸款，相對其在香港以外地區使用的客戶貸款比例為 1 比 2.1。[10] 因此我們迴歸運算得出的結果，與香港的國際金融中心地位相當吻合。

GP 的估計參數為負值，顯示地域差距對外資機構參與香港銀行業務構成負面影響。這個結果和上述關於英美的實證研究迴異。撇除其他因素，香港應較能吸引鄰近國家銀行前來開業。

CR 估計參數為負值，與上述應用在英美的實證研究相

同。來自相對風險較高國家的銀行，對在香港經營銀行業務
應有較大興趣。[11] 香港如能享有較高的信用評級，將更能吸
引外資銀行在香港經營。

　　同時，日本銀行在港的重要地位，可能擾亂我們的運
算結果，引致對評估決定非日本銀行在港經營的因素失準。

　　日本在海外的銀行數目龐大，主要是基於 1986 年 12
月 "日本離岸市場"（Japan Offshore Market）成立，使許多
日本機構以香港為入賬中心。由於日本政府對本土銀行的貸
款數量存在限制，遂誘使很多日本銀行在海外成立分支機
構，利用它們為大量日本本土客戶的日圓貸款入賬，以迴避
日本政府的限制。

　　因此，我們亦嘗試刪去日本，以 14 個國家的數據再行

表 6 以 14 個國家（不包括日本）組合數據計算的
迴歸分析結果

	估計參數	t 統計數值	
常數	5.805	4.062	
外來投資	0.231	7.676	
雙向貿易	0.2E-4	5.000	
所屬國市場規模	0.3E-5	2.405	
相對信用評級	-0.257	-4.974	
地理距離	0.4E-3	1.019	
經濟成長率差距	-0.050	-0.394	
F 統計值			100.256
經調整 R^2			0.846
觀察數點			109

運算，觀察數點因此下降至 109；而得出的結果則詳列於表 6。估計參數值顯示 GP 和 GD 對 FB 已無顯著影響。其他自變量對 FB 變動的影響置信性仍高達 98% 以上。和其他應用在香港以外地方的類似研究吻合，地理差距對外資銀行在港經營再不構成顯著影響。這裏應與香港優良的交通基本建設及高度國際化有關。GD 的表現進一步支持外資銀行並不局限於本地市場的論點。經調整的 R^2 值輕微下降，但仍保持在 0.85 的滿意水平。

(206)

3. 結論

很多公開評論常以外資銀行的龐大數目，作為香港乃一國際金融中心的證據。但是，有關外資在香港銀行業參與程度的嚴謹研究卻相對較少。清楚界定外資銀行在港經營的各個因素，將有助我們了解香港銀行業的特性，並可為提高香港的國際金融中心地位提供指引。

透過計量經濟學模型分析相關的組合數據，我們發現外來投資、雙向貿易、所屬國市場規模及比較信用評級，都能合理地解釋外資銀行在港的活躍程度。外資銀行在港經營大量離岸業務，使香港經濟增長在解釋外資銀行來港設立業務據點方面顯得較為次要。因此過去數年香港生產總值增長保持在 5% 左右的平穩水平，應不會對外資銀行來港經營產生重要的負面影響。而香港擁有優良的運輸基本設施及國際金融中心的地位，使地理差距對外資銀行是否來港的決定並不構成顯著影響。

　　我們所得出的結果，基本上和一些同類但應用在其他國際金融中心的實證研究相吻合。金融與實業在香港的小型經濟體系下仍存在着一定的聯繫。外國在香港製造業的投資和與香港的商品貿易，均可推動外資銀行來港開業。金融服務及製造業活動因此有相互依存的關係。政府經濟政策若太強調金融服務業的發展，忽略製造業的重要角色，對推動香港銀行業務發展的努力反會事倍功半。這一因素亦可解釋為何中國的金融體系雖然相當落後，但在香港的銀行業務發展卻超過很多國家。現時，中國是香港最大貿易夥伴，亦為香港最大的外來投資國之一。

　　所屬國的銀行市場規模，是其中一個決定外資銀行在港活動的重要因素。這當然是反映了擁有龐大本土銀行市場的國家，較為關注互惠政策是否落實。值得注意的是，我們的實證研究顯示，香港不應對區內國家積極推廣本土銀行業的政策，持過分悲觀的態度。在銀行業務國際化的大趨勢下，國與國之間的銀行業發展已再不是一個"零和遊戲"。其他金融市場的冒起，不單為香港帶來更大的競爭，還將有助我們的銀行業發展。在其他因素不變的情況下，"業務擴張效應"(Trade Creation Effect)可能帶動更多外資銀行來港開業。而外資金融機構的積極參與，正是過去 20 年推動香港銀行業發展的主要動力。

最後，香港的相對國家風險與外資銀行在港經營存在反面關係，可能威脅香港的國際金融中心地位。"機構投資者"雜誌對全球主要地區所作的定期調查顯示，香港的信用評級排名由 1988 年的第 20 位下降至 1995 年的第 26 位。相反在這段期間，新加坡的信用評級排名由第 16 位上升至第 10 位。由於九七來臨，香港的信用評級有可能與中國變得更為接近。現時，中國的全球信用評級排名為 33，更令我們擔心的是，中國的信用評級排名實際由 1988 年的第 23位徐徐下降。雖然香港官商不斷推廣香港在九七年後的經濟自主性及特殊地位，提高香港的信用評級仍很大程度有賴中國的有利發展。

以上對香港外資銀行活動的實證研究，大體上是同類研究的首次嘗試，其所得的結果應有相當參考價值。必須指出，由於有關數據較為貧乏，我們的研究仍有一定的局限性。待更多的數據公布及現有數據時間序列增長後，自當進一步改良這個計量模型及其運算結果。

注譯

① 港府傳統上按地區將銀行機構分為五大類，包括中國、歐洲、日本、美國及其他。"其他"主要是本地機構。匯豐集團擁有的銀行及接受存款公司被納入"其他"一類。見香港金融管理局 1993 年年報，第 30-31 頁。

② 在 1995 年 11 月 15 日前，港督會同行政局擁有持牌銀行的發牌權。有限制牌照銀行及接受存款公司的發牌工作則分別由財政司及香港金融管理局負責。關於 1995 年銀行修訂法案詳見於香港金融管理局 1995 年 2 月號季報。

③ 外資銀行的發牌準則，可參考香港金融管理局 1994 年年報第 68 頁，附件 A。

④ 港府在 1965 年至 1972 年全面停發新的銀行牌照。1975 至 1978 年，1979 至 1981 年亦再次停發新的銀行牌照。見香港銀行監理專員 1986 年年報第 2 頁。

⑤ 金融三級制乃根據接受存款公司修訂法例由 1981 年開始實行。法例最初將銀行機構分為持牌銀行、持牌接受存款公司及註冊接受存款公司。它們分別有不同的資本要求及接受存款限制。新的法例亦規限接受存款公司必須由一所認可的本地或外地銀行所控制。由 1990 年 2 月 1 日起，持牌接受存款公司及註冊接受存款公司分別易名為有限制牌照銀行及接受存款公司。有關金融三級制的分析，見 Jao（1995）。另外有關利率協議的詳情可參考 Hong Kong

Monetary Authority（1994）。

⑥ 由於中環商業區的辦公室供應有限及租金昂貴，這個限制從 1994 年 9 月稍為放寬。外資銀行機構可容許開設另一個後勤辦事處。

⑦ 參考各個香港銀行監理專員年報及香港金融管理局年報。

⑧ 選取的 15 個國家包括澳洲、加拿大、中國、丹麥、法國、德國、印尼、日本、馬來西亞、荷蘭、新加坡、瑞士、泰國、英國及美國。

⑨ GD 為香港實質本地生產總值增長減除外國實質本地生產總值增長。

⑩ 港府只公布來自中國、日本、美國及歐洲外資銀行的有關數字。

⑪ 個別國家信用評級指數由 0 至 100。100 代表最高信用評級。相對信用評級為外國指數減去香港指數。因此，高 CR 值顯示較低的國家風險。

參考書目

林聰標：《一九九七前後中資企業在香港所扮演的政治角色》。

　　台北：行政院大陸委員會出版，1995 年。

經濟部投資業務處：《在台灣設立亞太營運中心可行性研究》。

　　台北：經濟部投資業務處，1994 年。

鄧小平：《鄧小平文選》，第 3 卷。北京：人民出版社，1993 年。

饒餘慶：《香港銀行制度之現況與前瞻》。香港：華商銀行公

　　會，1988 年。

饒餘慶：《走向未來的香港金融》。香港：三聯書店，1993 年。

饒餘慶："香港金融市場在國際上排第幾？"，《信報財經月

　　刊》，第 227 期，1996 年 2 月，第 1-6 頁。

饒餘慶："金融服務業在兩岸分工中可能扮演的角色"，戴鍾琴

　　主編，《兩岸產業分工：理論與實際》。台北：中華經濟研

　　究院，1996 年，第 359-416 頁。

饒餘慶："香港的區域金融、營運與轉口中心地位之未來"，戴

　　田弘茂、朱雲漢編《一九九七過渡與台港關係》。台北：業

　　強出版社，1996 年，第 265-300 頁。

Abraham, Jean-Paul et al.(1993), *The Competitiveness of European International Financial Centres,* Bangor : Institute of European Finance.

Aliber, R.Z. (1976), "Toward a Theory of International Banking", Federal Reserve Bank of San Francisco, *Economic Review*, Spring, pp. 5-8.

Aliber, R.Z. (1980), "The Integration of the Offshore and Domestic Banking System", *Journal of Monetary Economics*, Vol. 6, pp. 509-26.

Arndt, H.W. (1984), "Measuring Trade in Financial Services", *Banca Nazionale del Lavoro Quarterly Review,* No. 149, June, pp. 197-213.

Arndt, H.W. (1988), "Comparative Advantage in Trade in Financial Services", *Banca Nazionale del Lavoro Quarterly Review,* XLI, pp. 61-78.

Bank of England (1988), "Developments in International Capital and Banking Markets in 1987", *Bank of England Quarterly Bulletin*, May, 209-219.

Béja, Jean-Phillipe (ed.) (1993), *Hong Kong 1997 : Fin de Siècle, Fin d'un Monde?* Bruxelles : Espace International.

Bryant, R.C. (1986), "The Internationalization of Financial Intermediation : An Empirical Survey", *Brookings Papers in International Economic*, September.

Bryant, R.C. (1989), "The Evolution of Singapore as a Financial

Centre", in K.S. Sandhu and O. Wheatley(eds.), *Management of Succes : The Moulding of Modern Singapore*, Singapore : Institute of Southeast Asian Studies, pp. 337-72.

Carse, D. (1995a), "Market Entry and Asset Quality", in *Money and Banking in Hong Kong*, Hong Kong : Hong Kong Monetary Authority, pp. 74-84.

Carse, D. (1995b),"Money Laundering : The Regulator's Perspective", *HKMA Quarterly Bulletin*, Nov., pp. 32-37.

Chen, Y. (1995),"Financial Relations between Hong Kong and the Mainland", in *Money and Banking in Hong Kong* , Hong Kong : Hong Kong Monetary Authority, pp. 47-55.

Chen, Y.(1996), "Prospects for the Financial Relationship between Mainland China and Hong Kong after 1997", Hong Kong Monetary Authority *Quarterly Bulletin*, February, pp. 38-43.

Choi, S.R., Tschoegl, A.E. and Yu, C.M. (1986), "Banks and the World's Major Financial Centres, 1970-1980", *Weltwirtschaftliches Archiv*, Vol. 122, No.1, pp. 48-64.

Cini, F. (1993),"Métropole Régional ou Place Internationale?", in Béja (1993), pp. 117 52.

Commissioner of Banking Hong Kong Annual Reports, 1986-1992.

Council for Economic Planning and Development (1995), *An Initiative into the Next Century,* Taiwan : Worldcom.

Davis, E.P. (1990),"International Financial Centres - An Industrial Analysis", Bank of England Discussion Paper No. 51, reprinted in Roberts (1994a).

Davies, E.P. and Latter, A.R. (1989), "London as an International Financial Centre", *Bank of England Quarterly Bulletin*, Vol. 29, No. 4, Nov., pp. 516 -28.

Dufey, G. and Giddy, I.H. (1978), *The International Money Market*, Englewood Cliffs, N.J. : Prentice-Hall Inc.

Economic Committee, Ministry for Trade and Industry (1986), *The Singapore Economy : New Directions,* Singapore : Singapore National Printers.

Fisher, A. and P. Molyneux (1994), "A Note on the Determinants of Foreign Bank Activity in London between 1980 and 1989", *Research Papers in Banking and Finance*, RP94/11, University College of North Wales.

Freris, A.F. (1991), *The Financial Markets of Hong Kong,* London : Routledge.

Gaeta, G. (1995), "Hong Kong's Financial Industry in Transition : An External Perspective", *The Columbia Journal of World Business*, Summer, pp. 43-50.

Garbage, K.D. and Silber, W.L. (1978), "Technoloy, Communication and the Performance of Financial Markets : 1840-1975", *Journal of Finance*, XXXIII (3), 819-32.

Gerakis, A.S. and Roncesvalles, O. (1983), "Bahrain's Offshore Banking Center", *Economic Development and Cultural Change*, Vol. 31, pp. 349-64.

Goldberg, M.A. et al. (1988), "On the Development of International Financial Centers", *Annuals of Regional Science*, XXII, Feb., pp. 81-94.

Gorostiaga, X. (1984), *The Role of the International Financial Centres in Underdeveloped Countries,* London : Croom Helm.

Greenwood, J.G. (1982), "Hong Kong's Financial Crisis - History, Analysis, Prescription", *Asian Monetary Monitor*, Nov. - Dec. pp. 2-69.

Greenwood, J.G. (1984), "The Monetary Framwork Underlying the Hong Kong Stabilization Scheme", *The China Quarterly*, Sept. pp. 631-6.

Greenwood, J.G. (1990), "An Estimate of HK$ Currency Circulating in Guangdong Province", *Asian Monetary Monitor*, July - August, pp. 37-44.

Grosse, R. and L.G. Goldberg (1991), "Foreign Bank Activity in the United States : An Analysis by Country of Origin", *Journal of Banking and Finance*, Vol. 15, No. 6, December, 1093-1112.

Grubel, H.G. (1977), "A Theory of Multinational Banking", *Banca Nazionale del Lavoro Quarterly Review*, No. 121, pp. 349-64.

Grubel, H.G. (1982), "Towards a Theory of Free Economic Zones", *Weltwirtschaftliches Archiv*, Vol. 118, No. 1, pp. 39-61.

Grubel, H.G.(1986), "Trade in Financial Services", in A.H.H. Tan and B. Kapur (eds.), *Pacific Growth and Financial Interdependence*, Sydney : Allen and Unwin, Chapter 11.

Gwartney, J., Lawson, R. and Block, W. (1996), *Economic Freedom of the World 1975-1995,* Canada : The Fraser Institute.

Harris, I.W. (1991), "Hong Kong's Source Principle Established by the Privy Council", *Bulletin for International Fiscal Documentation*, Vol. 45, No. 2, pp. 67-70.

Hewson, J.R. (1982), *Offshore Banking in Australia,* Canberra : AGPS.

Ho, L.S., Liu, P.W. and Lam, K.C. (1991), *International Migration : The Case of Hong Kong*, Hong Kong Institute of Asia-Pacific Studies Occasional Paper No. 8 , Hong Kong : The Chinese University of Hong Kong.

Ho, Y.K. (1989), "Hong Kong, Singapore and Taiwan as New Financial Centres", Paper Presented to the Conference on the Future of Asia-Pacific Economics, 8-10 November, 1989, Bangkok.

Ho, Y.K. (1991), "Hong Kong as an International Financial Centre", in Ho, Scott and Wong op. cit., pp. 381-405.

Ho, Y.K., Scott, R. and Wong K.A. (eds.) (1991), *The Hong Kong Financial System* , Hong Kong : Oxford University Press.

Hodjera, Z. (1978), "The Asian Currency Market : Singapore as a Regional Financial Center", *IMF Staff Papers*, Vol. 25, No. 2, pp. 221-53.

Hong Kong Monetary Authority (1994), *Study on the Consumer Council Report, "Are Hong Kong Depositors Fairly Treated?"* ,

4 July.

Hong Kong Monetary Authority (1995), "Hong Kong as an International Financial Centre : Strategy Paper", in *Money and Banking in Hong Kong*, Hong Kong : HKMA, pp. 32-46.

Hong Kong Monetary Authority Annual Reports, 1993 and 1994.

Hong Kong Monetary Authority Quarterly Bulletin, various issues.

Hsiao, C. (1986), *Analysis of Panel Data*, Cambridge University Press.

Hui, G.W.L. (1992), "Ranking Hong Kong as an International Financial Centre", *Hong Kong Economic Papers*, No. 22, pp. 35-45.

Jao, Y.C. (1974), *Banking and Currency in Hong Kong : A Study of Postwar Financial Development,* London : Macmillan Press.

Jao, Y.C. (1977), " Tax Reform and Fiscal Policy in Hong Kong", *Bulletin for International Fiscal Documentation*, Vol. 31, No. 4, pp. 175-84.

Jao, Y.C. (1979a), "The Rise of Hong Kong as a Financial Centre", *Asian Survey*, Vol. XIX, July, pp. 674-94.

Jao, Y.C. (1979b), "Hong Kong's New Tax on Offshore Banking Profits", *Bulletin for International Fiscal Documentation*, Vol. 33, No. 4, Jan. pp. 15-8.

Jao, Y.C. (1980), "Hong Kong as a Regional Financial Centre : Evolution and Prospects", in C.K. Leung, J.W. Cushman and Wang Gungwu (eds.), *Hong Kong : Dilemmas of Growth*, Canberra : Australian National University Press, pp. 161-194;

reprinted in R. Roberts (1994c), pp. 457-90.

Jao, Y.C. (1983a), "Financing Hong Kong's Early Postwar Industrialization : The Role of the Hongkong and Shanghai Banking Corporation", in F.H.H. King (ed.), *Eastern Banking*, London : The Athlone Press, pp. 545-74; reprinted in G. Jones (ed.), *Multinational and International Banking*, Hants, England : Edward Elgar, 1992, pp. 451-80.

Jao, Y.C. (1983b), "Hong Kong's Role in Financing China's Modernization", in A.J. Youngson (ed.), *China and Hong Kong : The Economic Nexus,* Hong Kong : Oxford University Press, Chapter 1.

Jao, Y.C. (1985), "The 1997 Issue and Hong Kong's Financial Crisis", *Journal of Chinese Studies*, Vol. 2, No. 1, April, pp. 113-54.

Jao, Y.C. (1990), "From Sterling Exchange Standard to Dollar Exchange Standard : The Evolution of Hong Kong's Contemporary Monetary System", in Y.C. Jao and F.H.H. King, *Money in Hong Kong : Historical Perspective and Contemporary Analysis,* Hong Kong : Centre of Asian Studies, University of Hong Kong, pp. 51-169.

Jao, Y.C. (1993a), "Hong Kong as an International Financial Centre : Evolution and Prospects", in T.B. Lin and C. Tuan (eds.), *The Asian NIEs : Success and Challenge,* Hong Kong : Lo Fung Society, pp. 39-82; reprinted in R. Roberts (1994c), pp. 491-534.

Jao, Y.C. (1994), "Currency Substitution : A Case Study of Hong

Kong", in Wendy Li and Lawrence Leung (eds.), *Banking Towards the 21st Century*, Hong Kong : Chartered Institute of Bankers, pp. 13-29.

Jao, Y.C. (1995), "Monetary System and Banking Structure", in S.H. Ng and D.G. Lethbridge (eds.), *The Business Environment of Hong Kong*, Hong Kong : Oxford University Press, Chapter 5.

Jao, Y.C. (1996), "Hong Kong as a Financial Centre of Greater China", paper presented to the conference on China and the Asia-Pacific Economy, University of Queensland, Australia, July 14-16.

Johns, R.A. (1983), *Tax Havens and Offshore Finance,* London : Frances Pinter.

Johns, R.A. (1992), "Offshore Banking", *The New Palgrave Dictionary of Money and Finance*, Vol. 3, pp. 63-67.

Johnson, B.T. and Sheehy, T.P. (1996), *1996 Index of Economic Freedom ,* Washington D.C. : The Heritage Foundation.

Johnson, H.G. (1976), "Panama as a Regional Financial Center : A Preliminary Analysis of Development Contribution", *Economic Development and Cultural Change*, Vol. 24, pp. 261-86.

Jones, J. (ed.) (1992a), *Multinational and International Banking*, Hants, England : Edward Elgar.

Jones, J. (1992b), "International Financial Centres in Asia, the Middle East and Australia : A Historical Perspective", in Y. Cassis (ed.), *Finance and Financiers in European History, 1880-1960,* Cambridge : Cambridge University Press.

Kennedy, S. (1995a), "IBCA Takes a Stand", *Banking World*, Sept., pp. 13-16.

Kennedy, S. (1995b), "Critics of Credit Walk Tall", *South China Morning Post*, October 22.

Kennedy, S. (1995c), "Business Drifts South on Tax Tide", *Banking World*, Sept., pp. 6-8.

Kindleberger, C.P. (1974), *The Formation of Financial Centers : A Study in Comparative Economic History,* Princeton : Princeton University.

Kindleberger, C.P. (1983), "International Banks as Lenders or Followers of International Business : An Historical Perspective", *Journal of Banking and Finance*, Vol. 7, No.4, pp. 583-95.

King, F.H.H. (1988), *The History of the Hongkong and Shanghai Banking Corporation*, Vol. III : *The Hongkong Bank Between the Wars, 1919-1945,* Cambridge : Cambridge University Press.

King, F.H.H. (1991), *The History of the Hongkong and Shanghai Banking Corporation*, Vol. IV : *The Hongkong Bank in the Period of Development and Nationalism, 1941-1984 : from Regional Bank to Multinational Group* , Cambridge : Cambridge University Press.

Langdale, J. (1985), "Electronic Funds Transfer and the Internationalisation of the Banking and Finance Industry", *Geoforum*, 16 (1), pp.1-13; reprinted in Roberts (1994a), pp. 433-45.

Lee, K.H. and Vertinsky (1988), "Strategic Adjustments of International Financial Centres (IFCs) in Small Economies : A Comparative Study of Hong Kong and Singapore", *Journal of Business Administration*, Vol. 17, pp.151-72.

Li, D.K.P. (1995), "Hong Kong's Growing Role in World Finance", *The Columbia Journal of World Business*, Summer, No. 35-40.

Mak, S.H.W. (1993), *Hong Kong as a Financial Centre,* London : Whurr Publishers.

McCarthy, I. (1979), "Offshore Banking Centers : Benefits and Costs", *Finance and Development*, Vol. 16, No. 4, pp. 45-8.

McGahey, R., Malloy, M., Kazanas, K. and Jacobs, M.P. (1990), "What Makes a Financial Center?", Chapter 2 of *Financial Services, Financial Centers,* Boulder, Colorado : Westview Press, 15-76.

Michie, R.C. (1992), *The City of London : Continuity and Change 1850-1990*, London : Macmillan Press.

Moss, M.L. (1988), "Telecommunications and International Financial Centers", *Information and Behaviour*, 3, Chp. 13, pp. 239-52; reprinted in Roberts (1994a).

Nigh, D., K.R. Cho and S. Krishnan (1986), "The Role of Location-related Factors in U.S. Banking Involvement Abroad : An Empirical Examination", *Journal of International Business Studies*, Vol. 17, No. 3, Fall, 59-72.

O'Brien, R. (1992), "Everybody has to be Somewhere : The New

Determinants of Location", in his *Global Financial Integration* (1989), London : Royal Institutes of International Affairs, 73-82.

Overholt, W.H. (1996), "Hong Kong Financial Stability Through 1997", *Bankers Trust Research*, March 20.

Park, Y.S. (1982), "The Economics of Offshore Financial Centers", *Columbia Journal of World Business*, Vol. XVII, No. 4, Winter, pp. 31-5.

Park, Y.S. and M. Essayyad (eds.), *International Banking and Financial Centers*, Boston and London : Kluwer Academic Publishers.

Patrick, H.T. (1966), "Financial Development and Economic Growth in Underdeveloped Countries", *Economic Development and Cultural Change*, Jan., pp. 174-77.

Reed, H.C. (1980), "The Ascent of Tokyo as an International Financial Center", *Journal of International Business Studies*, Vol. 11, No. 3, Winter, pp. 19-35.

Reed, H.C. (1981), *The Preeminence of International Financial Centers,* New York : Praeger Publishers.

Reed, H.C. (1983), "Appraising Corporate Investment Policy : A Financial Center Theory of Foreign Direct Investment", in C.P. Kindleberger and D.B. Audretsch (eds.), *The Multinational Corporation in the 1980s*, Cambridge, MA : MIT Press, pp. 219-44.

Reed, H.C. (1989), "Financial Center Hegemony, Interest Rates and the Global Political Economy", in Y.S. Park and M. Essayyad (eds.), *International Banking and Financial Centers*, Boston, MA : Kluwer, pp. 247-68.

Revell, J. (1994), "International Financial Centres in Western Europe", Institute of European Finance research paper RP 94/3.

Roberts, R. (eds.) (1994a), *International Financial Centres*, Vol. 1, *Concepts, Development and Dynamics*, Hants, England : Edward Elgar.

Roberts, R. (1994b), *International Financial Centres*, Vol. 2, *Global Financial Centres : London, New York, Tokyo*, Hants, England : Edward Elgar.

Roberts, R. (1994c), *International Financial Centres*, Vol. 3, *International Financial Centres of Europe, North America and Asia*, Hants, England : Edward Elgar.

Roberts, R. (1994d), *International Financial Centres*, Vol. 4, *Offshore Financial Centres*, Hants, England : Edward Elgar.

Roberts, R. (1994e), "Introduction", in R. Roberts (1994d), pp. xiii - xxiii.

Sarrazin, C. (1996), "Asian Headquarters : A Telecommunications Perspective", paper presented to Asian Headquarters Conference, Hong Kong, Jan. 30, 1996.

Scholey, Sir David (1987), "Essential Features of an International Financial Centre", in *International Financial Centres*, Basle : Swiss Bankers Association, pp. 11-24.

223

Securities Review Committee (1988), *The Operation and Regulation of the Hong Kong Securities Industry,* Hong Kong : Government Printer.

Sheng, A. (1995), "The Linked Exchange Rate System : Review and Prospects", in *Money and Banking in Hong Kong,* Hong Kong : Hong Kong Monetary Authority, pp. 56-65.

Shirreff, D. (1995), "A Hub to Replace Hong Kong?", *Euromoney,* Feb., pp. 80-81.

Sitt, R. (1995), *The Hong Kong Gold Market,* London : Rosendale Press).

Smith, W.D. (1984), "The Function of Commercial Centers in the Modernization of European Capitalism", *Journal of Economic History,* XLIV, No. 4, pp. 985-1005.

SRI International Project Team (1989), *Building Prosperity : A Five-Part Economic Strategy for Hong Kong's Future* , Hong Kong : Hong Kong Economic Survey Ltd.

Sung, Y.W. (1991), *The China - Hong Kong Connection,* Cambridge : Cambridge University Press.

Tanzi, V. (1995), "Corruption, Governmental Activities, and Markets", *Finance and Development,* December, pp. 24-26.

U.S. Department of Treasury (1990, 1994), *National Treatment Study,* Washington : Department of Treasury.

Valentine, R. (1983), "Uncovering Asia's Gold Markets", *Asian Banking,* February, pp. 37-41.

Walters, A. (1996), "Banking Crises : A Prologue", paper presented to the Conference on Preventing Banking Crises, World Bank, April, 15-16.

White, L.T. (1989), *Shanghai Shanghaied? Uneven Taxes in Reform China*, Hong Kong : Centre of Asian Studies, University of Hong Kong.

Winters, L.A. (1990), "The Road to Uruguay", *Economic Journal*, Vol. 100, No. 403, Dec., pp. 1288-1303.

Wong, R.Y.C. (1996), "Service Industry Growth in Hong Kong", paper presented to the Symposium on Services Promotion, Hong Kong, March 12.

World Bank (1995a), *The Emerging Asian Bond Market : Hong Kong*, Washington D.C. : The World Bank.

World Bank (1995b), *Infrastructure Development in East Asia and Pacific*, Washington D.C. : The World Bank.

Yam, J. (1994), "Central Banking and Monetary Policy in Hong Kong", in *The Practice of Central Banking in Hong Kong*, Hong Kong : Hong Kong Monetary Authority, pp. 2-23.

Yam, J. (1995), "Hong Kong as an International Financial Centre", in *Money and Banking in Hong Kong*, Hong Kong : Hong Kong Monetary Authority, pp. 25-31.

Yam, J. (1996), "Hong Kong's Monetary Scene : Myths and Realities", paper presented to the Bank of England Seminar on "Hong Kong's Monetary Arrangements through 1997", 10 September.

索　引

(229)

香港：國際金融中心 ／ 饒餘慶著. -- 臺灣初
版. -- 臺北市：臺灣商務，1997〔民86〕
　　面 ； 公分
參考書目：面
含索引
ISBN 957-05-1403-5（平裝）

1.經濟－香港

552.338　　　　　　　　　　　86006725

香港—國際金融中心

定價新臺幣 300 元

著　作　者	饒　餘　慶
策　　　劃	廖　劍　雲
責 任 編 輯	鄧　昭／雷成敏
封 面 設 計	吳　郁　婷
發　行　人	郝　明　義
出　版　者 印　刷　所	臺灣商務印書館股份有限公司

臺北市重慶南路 1 段 37 號
電話：（02）3116118 · 3115538
傳眞：（02）3710274
郵政劃撥：0000165-1 號
出版事業
登 記 證：局版北市業字第 993 號

· 1997 年 4 月香港初版
· 1997 年 8 月臺灣初版第一次印刷
本書經商務印書館（香港）有限公司授權出版

ISBN　957-05-1403-5　（平裝）　　　　　b 23000080